A OBRA DE ARTE
NA ERA DIGITAL

Pedro Braga

ISBN-13: 9798379181970
ISBN-10: 1477123456

Cover design by: Art Painter
Library of Congress Control Number: 2018675309
Printed in the United States of America

SUMÁRIO

INTRODUÇÃO

O presente trabalho consiste na reunião de dados e informações relevantes num *corpus* único e propõe uma reflexão sobre o obra de arte na era digital. O ponto de partida teórico é o célebre ensaio de Walter Benjamin – *A obra de arte na era de sua reprodutibilidade técnica.* As pesquisas e desenvolvimento, as inovações, ocorrem hoje a uma velocidade surpreendente. As reflexões teóricas, o pensar filosófico, as considerações de natureza ética tentam acompanhar tal ritmo, a fim de compreender e balizar tais avanços tecnológicos que estão porventura a moldar uma nova economia, um novo modelo de sociedade e um novo estatuto jurídico e estético para a obra de arte.

Ocorre a uma pessoa uma ideia de narrativa ficcional. Ela coloca esse *prompt* para uma IA, tipo **ChatGPT**, e logo obtém seu texto artístico. Um músico escreve uma solicitação em forma de texto a uma plataforma treinada para compor música, e daí surge uma peça inteira do que foi pedido. Outro ainda consulta uma plataforma de IA voltada para desenhos, fotos, ilustrações, vídeos e obtém o elemento. E todos esses produtos podem ser comercializados num ecossistema virtual denominado de metaverso, com registro de propriedade na forma de tokens não fungíveis-NFTs (porque únicos e insubstituíveis), escriturados em grandes livros-razão – *as blockchains*. Essas pessoas podem assumir a forma de um avatar, vender e comprar, inclusive roupas e acessórios para si enquanto avatar. E adquirir o bem mais precioso nessa mercado virtual, que são os terrenos imobiliários! Tudo isso, tendo como moeda de troca, como meio de pagamento, uma das inúmeras criptomoedas existentes no mercado. É o futuro agora, ou simplesmente ilusão de futuro no aqui e agora. Qual o real valor intrínseco dessas obras de arte? Quais os fundamentos dessa economia? Como é realizada a formação dos preços nesse mercado digital? Qual o papel e o futuro dessas moedas privadas, as criptomoedas? Qual o estatuto jurídico e estético da obra de arte digital? Quais as objeções éticas que estão sendo feitas no quadro dessas inovações tecnológicas? São questões sobre as quais tentamos submeter à reflexão de cada um. São questões complexas, mas que devemos enfrentar. Não sabemos que rumo tudo isso vai tomar, para o bem ou para o mal. Esperemos que haja uma conciliação entre tecnologia e ética, entre estética e mercado, nessa nova sociedade que está a ser delineada.

A OBRA DE ARTE NA ERA DE SUA REPRODUTIBILIDADE TÉCNICA: REPASSANDO CONCEITOS.

O marco teórico do presente ensaio vem, como não poderia deixar de ser, de Walter Benjamin, que nos legou no texto *A Obra de Arte na Era de Sua Reprodutibilidade Técnica*[1] análises e reflexões sobre escultura e artes plásticas, fotografia e cinema. Os conceitos ali expostos são fundamentais e imprescindíveis para a abordagem desse tema na era digital. Ele previu que as grandes novidades poderiam transformar a técnica da produção da obra de arte, agindo sobre o próprio ato criador, podendo chegar até a modificar a noção mesma de arte. A obra de arte desde sempre é suscetível de ser reproduzida, no entanto a possibilidade técnica de sua reprodução é algo recente.

As técnicas de reprodução no mundo helênico limitavam-se a duas: a fundição e a cunhagem. Dessa forma, as únicas obras de arte que os gregos produziram em série foram objetos em bronze, moedas e terracota. A xilogravura foi a primeira técnica de reprodução de desenhos, antes do uso da imprensa para reproduzir textos. A invenção da imprensa, pelo menos no mundo Ocidental, permitiu importantes transformações no âmbito da literatura, como consequência da reprodução técnica da escrita. Na Idade Média, surgem o cobre e a água-forte como técnicas de reprodução; já no início do século XIX é criada a litografia, impulsionando sobremaneira as técnicas de reprodução e propiciando às artes gráficas de colocarem os seus produtos no mercado, com formas renovadas. Anos depois, desponta a fotografia, aumentando e melhorando a reprodução de imagens. A esse propósito, Benjamin cita Paul Valéry: "Como a água, como o gás, como a corrente elétrica vêm de longe até nossas moradas responder às nossas necessidades mediante um esforço quase nulo, assim seremos alimentados de imagens visuais e auditivas, nascendo e desaparecendo ao menor gesto, quase a um sinal."[2] Walter Benjamin constata que, no século XX, "as técnicas de reprodução atingiram um tal nível que elas estarão aptas, a partir daí, não somente de se aplicar a todas as obras de arte do passado e modificá-las, de maneira bem profunda, os seus modos de influência, porém de se impor elas próprias como formas originais de arte. Nesse sentido, nada é mais revelador do que a maneira como duas de suas manifestações diferentes – a reprodução da obra de arte e a arte do cinema – reagiram sobre as formas artísticas tradicionais."

Benjamin expõe o que poderíamos denominar de valores intrínsecos da obra de arte: "o aqui e o agora do original constitui o que se chama sua **autenticidade**." Para tanto, no que concerne o bronze, utilizava-se análise química; se se tratasse de incunábulo, poder-se-ia investigar de qual depósito de arquivo ele provinha. A autenticidade não é importante para a reprodução da obra por meios técnicos ou não.

No que se refere à fotografia ou ao disco, como forma de reprodução auditiva, a reprodução permite aproximar a obra do espectador ou do ouvinte. As condições criadas pelas técnicas de reprodução deixam o conteúdo da obra de arte intacto, porém desvalorizam de qualquer maneira o seu *aqui e agora,* atingindo o ponto mais sensível e mais vulnerável que é a sua autenticidade. Se, por outro lado, estamos diante de uma falsificação, o original, todavia, conserva sua autenticidade e, portanto, sua autoridade. E Benjamin preleciona: "O que faz a autenticidade de uma coisa é tudo o que ela contém de originalmente transmissível, de sua duração material ao seu poder de testemunho histórico". Todos esses aspectos podem ser reduzidos à noção de aura: "no tempo das técnicas de reprodução, o que é atingido na obra de arte é a sua aura" (*aura* aqui entendida como "a única aparição de um longínquo, tão próxima ela possa parecer").[3] Uma obra que foi produzida um só vez transforma-se em fenômeno de massa, e isso lhe confere uma *atualidade*. As técnicas de reprodução retiram a obra de arte reproduzida do domínio da *tradição*.

A maneira de sentir e perceber das comunidades humanas mudam ao longo do tempo, e isso não depende só do meio em que se realizam, da natureza, mas também da história e da cultura. Essas mudanças do modo de percepção são o reflexo das transformações sociais, portanto.

Sobre os aspectos de culto nos primórdios da obra de arte, Benjamin escreve:

> "A **unicidade** da obra de arte é idêntica à sua integração no conjunto de relações que se designa de tradição. Sem dúvida, essa tradição mesma é uma realidade bem

viva, extremamente mutável. Uma estátua antiga de Vênus pertencia, por exemplo, a um outro complexo tradicional entre os gregos, que dela faziam objeto de um culto, e entre os clérigos da Idade Média, que viam nela um malfazejo ídolo. Porém, ficava entre essa Vênus no que ela tinha de único, eles sentiam sua aura. Na origem, o culto exprime a incorporação da obra de arte em um conjunto de relações tradicionais. Sabe-se que as mais antigas obras de arte nasceram para o serviço de um ritual, primeiramente mágico, depois religioso. Ora, é um fato de importância decisiva que a obra de arte pode perder sua aura desde que não haja mais nela nenhum vestígio de sua função ritual. Ou seja, o valor de unicidade próprio da obra de arte 'autêntica' baseia-se nesse ritual que foi em sua origem o fundamento de seu antigo valor de utilidade. Qualquer que seja o número de intermediários, essa ligação fundamental ainda é reconhecível como um ritual secularizado através do culto devotado à beleza, mesmo sob suas formas mais profanas."

Com o surgimento de técnicas de reprodução, a obra de arte emancipou-se com relação à existência parasitária imposta pelo seu papel ritual. Segundo Benjamin, "reproduzem cada vez mais as obras de arte feitas justamente para serem reproduzidas." E continua: "Da placa fotográfica, por exemplo, pode-se tirar um grande número de provas; seria um absurdo perguntar qual é a autêntica. Porém, desde que o critério de autenticidade não é mais aplicável à produção artística, toda a função da arte se encontra alterada". No início, as imagens servem ao culto, o que é mais importante do que o fato de que elas sejam vistas por grande número de pessoas. Ao lado, todavia, do valor de culto, vai surgindo outro valor: o de **exposição**, e esse valor de exposição tornou-se preponderante no momento atual. E para algumas formas de arte, como a fotografia e o cinema, a função artística aparece como acessória. Na fotografia, o valor de exposição relega a um plano secundário o valor de culto, adquirindo assim a primazia. O valor de exposição diz respeito ao número de pessoas que têm acesso à obra. Podemos derivar da análise de Benjamin para mencionar o mercado. Ele próprio cita um passagem de Aldous Huxley: "Os progressos técnicos [...] conduziram à vulgarização. [...] As técnicas de reprodução e o uso de rotativas na imprensa permitiram uma multiplicação da escrita e da imagem que ultrapassa nossa previsão. O ensino obrigatório e o aumento relativo do nível de vida criaram um vasto público que pode ler e adquirir livros e imagens. Para satisfazer a essa demanda, foi preciso constituir uma indústria importante."

O NOVO DEMIURGO: ARTE E INTELIGÊNCIA ARTIFICIAL

O Livro/Texto

O jornal inglês *The Guardian* publicou, em 2 de agosto de 2022, uma reportagem com o título "História. Esses livros que nunca conheceremos." E o subtítulo: "Qual a proporção das obras literárias criadas pela humanidade que chegou até nós? Provavelmente, uma parte ínfima, estimam os especialistas, que se perguntam quantas obras-primas perderam-se em incêndios, naufrágios e outras pilhadas nas cidades ao longo dos séculos."

A grande Biblioteca de Alexandria foi fundada pela dinastia dos Ptolomeu, na época helênica, a fim de reunir em um só lugar todos os livros manuscritos produzidos em várias regiões da Europa, na Idade Média. Quando pegou fogo, ficou seis meses ardendo. Os pesquisadores Mike Kestemont e Folgert Karsdorp realizaram uma pesquisa usando método estatístico tomado de empréstimo da ecologia, denominado de "espécies invisíveis, e cujo objetivo é responder à pergunta: "E se o que chegou até nós não é de modo algum representativo de tudo o que o espírito humano produziu em matéria de literatura e de saber?" A pesquisa confirmou tal hipótese, além de estimar o tamanho das perdas, a quantidade de obras desaparecidas. Tratava-se de manuscritos, de obras a maioria delas únicas, ou copiadas em número ínfimo. A imprensa, que asseguraria a possibilidade de reprodução técnica de livros, ainda não existia.

Na Coreia, em 1337, foi impresso em

caracteres metálicos móveis o mais antigo livro de que se tem notícia, conhecido como *Jikji*. Na Europa, em 1400, surge a xilogravura. Por volta de 1440, aparecem os livros com textos e gravuras, técnica essa denominada de xilografia, ou seja, impressão a partir de uma prancha de madeira entalhada. Os pequenos livros assim impressos, chamados de xilografias, são amplamente difundidos no mercado, composto por pessoas vivendo em ambiente urbano e alfabetizadas. Textos devocionais e a *Biblia Pauperibus* (Bíblia dos Pobres) estavam entre os textos assim difundidos. Em 1450, na Europa, mais precisamente na cidade de Mayence, Johannes Gutemberg cria o seu sistema de impressão, combinando três técnicas: cunhagem, fundição e a transferência pela impressão. O primeiro texto impresso é a famosa *Bíblia de Gutemberg* em latim, com 42 linhas por página, perfazendo um total de 1300 páginas. Os artesãos subsequentes, que começaram a trabalhar com impressão de livros, introduziram algumas inovações, como a prensa de braço, por exemplo. Isso aumentou, consequentemente, a rapidez na reprodução, indo de 200 a 250 folhas por hora e em vários exemplares, enquanto um escriba da Idade Média copiava, em média, duas ou três folhas por dia. Doravante, entre 1450 e 1520, os impressores começaram a imprimir textos ilustrados com imagens a cores, mapas, partituras... São inovações técnicas que plasmaram as formas do livro, reproduzindo-os em maior escala, e, dessa maneira, difundiram amplamente o conhecimento por toda a Europa.

A pesquisa e desenvolvimento na era digital avança de maneira ultra veloz. A obsolescência é planejada para períodos cada vez mais curtos. A concorrência é impiedosa e a massa de consumidores, munidos de informações técnicas pela mídia ou pela indústria editorial, se torna cada vez mais exigente. Os engenheiros computacionais e especialistas em linguagem de programação atingiram um nível de sofisticação inimaginável.

Muitas vezes nos perguntamos se a realidade não vai mais veloz do que a ficção científica. As crianças de hoje não sabem o que é um disco, um CD ou um CD-ROM, uma fita-cassete, uma fita VHS ou um projetor de super-oito. O smartphone tornou-se um verdadeiro escritório com múltiplas funções e as músicas são ouvidas, e vídeos e filmes, assistidos em qualquer dispositivo móvel ou não, habilitado tecnologicamente. Os *streamings* são baixados a uma velocidade impressionante. Os mecanismos de reprodução de músicas, filmes, fotografias, literatura, multiplicaram exponencialmente o valor de exposição da obra de arte no mundo contemporâneo. Autenticidade, aura, tradição – muitas vezes são ressignificadas. Todo e qualquer vestígio do papel ritual da obra de arte desapareceu, transformando-se tudo num grande bazar virtual do profano.

O ato de escrever livros é visto como um ato criativo quase divino. Não é à toa que criadores literários são chamados de poetas – palavra que vem do grego *poièsis*[4] e significa "criação", "fabricação". No *Gênesis*, em grego, a *poièsis* é obra divina. Segundo Schweitzer, citado por Hauser, "a descoberta do gênio artístico" é tributária da filosofia do neoplatônico Plotino.

"Ocorre que Plotino considera o belo um atributo essencial da natureza divina. De acordo com sua metafísica, somente o artista pode reconstituir para o mundo fragmentário dos sentidos a integridade e a perfeição que se perderam ao separar-se o homem de sua comunhão com a divindade. É evidente quanto o artista terá ganho em prestígio através da divulgação dessa doutrina; de fato, recupera a aura do vidente divinamente inspirado que envolvera sua pessoa com tempos primitivos. Volta a parecer um possesso de Deus, com a graça do conhecimento de coisas ocultas, como já ocorrera nos tempos da magia. O ato de criação artística torna-se uma espécie de *unio mystica* e está cada vez mais separado do mundo da *ratio*. Já no século primeiro, Díon Crisóstomo compara o artista com o *Demiurgo* (criador do mundo). O neoplatonismo desenvolve esse paralelismo, com ênfase crescente sobre o elemento criativo na realização do artista."[5]

Na concepção renascentista de arte, surge um novo conceito de gênio, ou seja, a obra de arte como criação de uma personalidade autocrática, que transcende a tradição, a teoria e as regras e até a própria obra. "A ideia de gênio como um dom de Deus, como força criativa inata e estritamente individual" e "toda essa tendência de pensamento surgiu pela primeira vez na sociedade da Renascença, a qual, em virtude de sua natureza dinâmica e por estar impregnada pela ideia de competição, oferece ao indivíduo melhores oportunidades do que a cultura autoritária da Idade Média" – como muito bem assinalou Hauser.

Não obstante, no quadro da cultura alemã, aparece um conceito inteiramente novo de gênio. O movimento *Sturm und Drang,* nascido no período pré-romântico e cujo público era constituído por setores minoritários da burguesia, desenvolveu sua visão de mundo apoiada no "conceito de gênio artístico, que esse movimento colocou nos pináculos dos valores humanos". Esse conceito "contém, em primeiro lugar, os critérios do irracional e do subjetivo", "a conversão da compulsão externa em liberdade interior, que é simultaneamente rebelde e despótica, e, finalmente, o princípio de originalidade, o qual, nessa hora do nascimento do homem de letras livre e de uma competitividade cada vez maior, torna-se a mais importante arma na luta da intelectualidade pela sobrevivência." Hauser assinala, ainda, que "o gênio é resgatado da abjeção da vida cotidiana para um mundo onírico de ilimitada liberdade de escolha. Aí ele vive não só livre dos grilhões da razão, mas de posse de poderes místicos que o habilitam a prescindir da experiência sensorial comum". E conclui: "O gênio [...], na filosofia da arte do *Sturm und Drang*, converte-se num rebelde e sublime titã."[6]

Hoje, porém, o escritor pode contar com a colaboração da inteligência artificial (IA), que leva o nome de **Sudowrite**. Criada por Amit Gupta e James Yu, utiliza o modelo de linguagem GPT-3 da OpenAI. A rigor, essa IA não substitui o criador, mas facilita enormemente a sua tarefa, tornando-se uma parceira importante no ato criativo, fornecendo ao autor inspiração quando se trata de detalhar cenas e ainda melhorar outras já existentes. Esse modelo linguístico mantém a coesão do texto gerado pelo trabalho humano. A IA identifica os nome dos personagens, suas características físicas, a hora em que a cena de desenrola; recria cenas, dá-lhes profundidade e acrescenta detalhes sobre cada objeto e personagens nelas implicados. Em poucos segundos, essa plataforma conversacional,

ChatGPT, que recorre ao *deep learning* e à inteligência artificial para compreender e interpretar as consultas dos usuários, redige parágrafos consistentes e com fundamento em inglês, francês, espanhol, alemão, chinês, japonês, russo e neerlandês. Para utilizar o programa, faz-se necessário abrir uma conta no site da OpenAI, associar um número de telefone e, se quiser, informar que vai utilizar as ferramentas da OpenAI para fins pessoais. No site do ChatGPT, na barra situada embaixo da página, você fará uma consulta num dos idiomas habilitados; ainda, ele pode traduzir e resumir documento, bem como redigir textos originais. Vincent Matalon, de *FranceInfo.fr* assim descreve o funcionamento dessa tecnologia: "ChatGPT é a versão 'convencional' de GPT-3, um programa de tratamento da linguagem desenvolvido por OpenAI desde a primavera de 2020. Treinado em cerca de 8 milhões de documentos, ou seja, 175 bilhões de palavras (é o que indica ChatGPT, quando lhe perguntamos), GPT-3 utiliza uma rede de neurônios artificiais para imitar o estilo e a estrutura da escrita humana. ChatGPT não efetua pesquisas na internet para responder às consultas. Ele se baseia em textos com os quais ele foi treinado, que datam de 2021 no mais tardar. Ele é, pois, incapaz de se manifestar sobre um evento recente."[7] Isso, no entanto, está em vias de mudar, haja vista o uso dessa tecnologia da OpenAI pela Microsoft, tanto em seu motor de busca Bing, quanto em seu navegador Edge e em seus outros aplicativos. Microsoft, com efeito, propõe uma nova interface com uma barra de pesquisa modificada, permitindo, entre outras coisas, fazer-se uma pergunta diretamente à IA embarcada. É importante assinalar, ademais, que OpenAI impôs uma restrição técnica a esse programa para que ele não responda a consultas mal-intencionadas. Antes mesmo do lançamento do ChatGPT, OpenAI lançou, em 2019, a IA **Playground,** que não é destinada ao grande público, mas a profissionais e desenvolvedores; não se trata de um modelo de IA conversacional, que entabule uma conversa com o usuário, mas permite apenas consultas e a escolha do nível redacional da resposta e, ainda, oferece mais possibilidades de personalizar a sua utilização do que o ChatGPT.

A *machine learning* está em constante aprendizado e evolui em razão dos dados que ela consulta sem a intervenção de um programador humano. Seu modelo de linguagem desenvolve-se incessantemente, enriquecendo-se com as pesquisas de seus usuários. Ela torna-se, assim, autossuficiente em matéria de aprendizado, retroalimentando-se.

Apple utiliza IA para produzir audiolivros (*audiobooks*) e divulgá-los no aplicativo **Apple Books**. Constata-se, atualmente, um grande aumento da audiência dos *podcasts* e da demanda dos livros narrados e difundidos por plataformas de *streaming.* Essa tecnologia consiste em reunir um grande conjunto de vozes de pessoas, com o objetivo de criar uma nova voz, mediante o uso da IA. Apple anuncia que tal procedimento permite o acesso às pequenas editoras e autores não muito conhecidos nessa plataforma, democratizando as obras de ficção, já que a narração profissional não está ao alcance de todos os pequenos editores e autores. Aos que objetam que os audiolivros produzidos por IA vai tirar o emprego dos narradores profissionais, Apple responde: "Os títulos narrados digitalmente são um complemento valioso para audiolivros narrados profissionalmente e ajudarão a levar o áudio ao maior número possível de livros e pessoas. **Apple Books** continua comprometida em celebrar e mostrar a magia da narração humana e continuará a aumentar o catálogo de audiolivros narrados por humanos."

Google acaba de anunciar o lançamento de seu programa de IA denominado de **Bard**, que se apoia no **LaMDA**, programa informático com a finalidade de gerar robôs de conversação (chatbots), cuja primeira versão já havia sido revelada por Google, em 2021. **LaMDA** é um acrônimo que significa em inglês *Language Model for Dialogue Applications* – Modelo de Linguagem para os Aplicativos de Diálogo. Trata-se do tratamento automático da língua, concebido para simular uma conversação entre humanos. Conforme Google, "Essa arquitetura produz um modelo que pode ser treinado a ler inúmeras palavras (uma frase ou um parágrafo, por exemplo), a prestar atenção à maneira como essas palavras são ligadas umas às outras, depois a predizer as palavras que ele pensa ser as seguintes."[8] É assim que funciona sua rede de neurônios artificiais e os algoritmos de IA.

Outros modelos de linguagem são: **BERT** *(Bidirectional Encoder Representations From Transformers),* do Google e utilizado em seu motor de busca. **GPT** *(Generative Pre-trained Transformer),* desenvolvido por OpenAI, e que está realizando parceria com Microsoft. O renomado ChatGPT é alimentado pelo GPT-3.5. OpenAI lançou recentemente seu mais novo modelo de linguagem, o GPT-4. A IA generalista é habilitada a reproduzir a capacidade cognitiva humana, de maneira geral, sobre problemas diversos. Trata-se de um modelo multimodal, ou seja, podemos submeter-lhe um prompt em forma de texto, de som ou de imagem. A partir de uma foto de um simples esboço de *site* web, CHAT-4 cria, sozinho e rapidamente, o *site*, e o código HTML é, integral e automaticamente, produzido.

No seu comunicado, Google informa que Bard foi lançado numa "versão leve" do LaMDA, "necessitando duma menor potência de cálculo", a fim de permitir sua utilização por "um maior número de usuários" e "tratar um maior volume de retornos".

Segundo Sundar Pichai, diretor-geral da holding Alphabet, em um comunicado, "Bard tem por ambição combinar a extensão do conhecimento de todo o mundo com a potência, a inteligência e a criatividade de nossos grandes modelos de linguagem". O programa "se apoia em informações da web para fornecer respostas atualizadas e de alta qualidade. [...] Bard pode ser um campo de expressão para a criatividade e uma rampa de lançamento para a curiosidade". Segundo Pichai, esse robô de conversação é capaz de "explicar as últimas descobertas da Nasa feitas pelo telescópio James Webb a uma criança de nove anos, ou de informar a vocês sobre os melhores atacantes atuais de futebol, em seguida lhes propor um treino específico para vocês melhorarem".

Meta, por seu turno, revelou o **LLaMA** (*Large Language Model Meta AI)*, voltado para ajudar os pesquisadores nos avanços de suas pesquisas no campo da inteligência artificial. Segundo Meta, "modelos menores e com melhor performance, tal LLaMA, permitem a outros membros da comunidade de pesquisa, que não têm acesso a grande quantidade de infraestrutura, estudarem esses modelos, democratizando, assim, ainda mais, o acesso a esse campo importante em rápida evolução".

Microsoft anunciou em 1º de março do corrente ano um novo modelo de IA denominado de **Kosmos-1**, ainda em fase de teste. É baseado no conceito **Chain of Thought** (Cadeia de Pensamento), com o objetivo de compreender os elementos ainda não compreendidos por outros modelos e capaz de analisar uma situação e raciocinar como um humano. O desafio é fazer os algoritmos contextualizarem melhor os dados com os quais trabalham, a fim de se chegar à IA generalista, que é uma das metas da OpenAI, cujo passo decisivo nesse sentido foi dado com o GPT-4. Tal avanço deve corrigir os erros de matemática básica cometidos pelo GPT-3, embora ele seja muito capaz na redação de textos, e também fazê-lo compreender excertos de textos, classificar imagens em função de seu conteúdo e responder a perguntas sobre páginas da web. Microsoft lançou, igualmente, **Copilot**, o novo assistente GPT-4, no Word, Excel, PowerPoint, Outlook e Microsoft Teams, combinando o modelo de linguagem LLM e os aplicativos Microsoft 365.

Microsoft, Google, Meta, Amazon apostam alto na IA, fazendo investimentos astronômicos nessa tecnologia. Por outro lado, a chinesa Baidou anunciou, em 7 de fevereiro deste ano, sua própria IA, denominada de **Ernie Bot**. Essa empresa informa que "deverá estar em condições de terminar em março os testes internos", antes de colocar progressivamente seu robô conversacional à disposição do público.[9] Como prometido, Baidou apresentou seu chatbot, em 16 de março do presente ano. Esse modelo de IA conversacional é baseado sobre **ERNIE 3.0** e **PLATO**, dois modelos de linguagem que seguem os passos do GPT e ainda de outros modelos.

Uma questão discutida atualmente a propósito da IA é que haveria desrespeito aos direitos autorais, pelo fato de que ela passa por uma fase de aprendizagem intensa (*deep learning*) – fase em que os engenheiros alimentam a IA com diferentes e complexas publicações, muitas delas protegidas por *copyright*. Segundo uma pesquisa realizada pelos professores Kent Chang, Mackenzie Cramer, Sandeep Soni e David Bamman, da Universidade de Berkeley, que se debruçaram sobre a provável lista assimilada pelo ChatGPT. Constataram que os livros de ficção científica, *fantasy* e *best-sellers* são preponderantes; numa classificação de importância, estão os livros que já se encontram em domínio público. Essa posição preferencial dos gêneros populares de livros deve-se, segundo os pesquisadores, à recorrência dos textos no processo de aprendizagem da IA, livros que fazem parte de longa data da cultura popular. Esses textos são: *Alice's Adventures in Wonderland,* de Lewis Carroll, *Harry Potter and the Philosopher's Stone*, de J.K. Rowling, *The Scarlet Letter*, de Nathaniel Hawthorne, *The Adventures of Sherlock Holmes*, de Arthur Conan Doyle, *Emma*, de Jane Austen, *Frankenstein; or, The Modern Prometheus*, de Mary Shelley, *Pride and Prejudice*, de Jane Austen, *Oliver Twist*, de Charles Dickens, *Bartleby, The Scrivener – A Story of Wall Street*, de Herman Melville e *The Adventures of Huckleberry Finn*, de Mark Twain.

Esses pesquisadores advertem que, ainda que a IA não memorize inteiramente os textos de treinamento, ela pode gerar trechos similares, até mesmo idênticos aos das fontes de aprendizado. Em todo o caso, o debate está aberto e nenhuma decisão, que possa constituir precedente jurisprudencial, foi proferida.

Jimmy Wales, cofundador da enciclopédia on-line *Wikipedia*, admite que os seus colaboradores poderão vir a usar o ChatGPT para corrigir artigos destinados à enciclopédia, identificar contradições entre diferentes textos sobre um mesmo tema, identificar temáticas instintivamente negligenciadas, funcionar como assistente dos humanos que redigem os textos, fazendo-os ganhar tempo, o que se traduziria em um aumento do número de entradas e, consequentemente, da base de dados da enciclopédia.

O portal *GEO* dá conta que um livro atingido pela erupção do Vesúvio há cerca de 2000 anos, encontrado na cidade de Herculanum, pôde ser decifrado graças à utilização de IA. Essa descoberta foi revelada por *Live Science*, durante um encontro promovido pela Universidade de Michigan e dedicado a pesquisas arqueológicas. Hugo Ruher, autor da reportagem da GEO escreve que "o livro, estando em péssimo estado, apenas alguns traços de tinta eram visíveis a olho nu pelos cientistas". E cita Richard Janko, autor da apresentação, que afirmou: "A cada utilização do programa, porém, desenvolvido graças à IA, o texto ficava cada vez mais visível." Hugo Ruher descreve o método utilizado na decifração do livro: "Baseado sobre a *machine learning*, o algoritmo permite treinar um computador a detectar tinta sobre uma folha e a deduzir as letras escritas. Para chegar a tal proeza tecnológica, foi necessário fazê-lo ler milhares de papiros da mesma época, que ele submeteu a tratamento de raio X, a fim de obter imagens 3D mais detalhadas possíveis".[10] Mesmo o papiro estando demasiado fragilizado, pelo fato de estar carbonizado, a tal ponto que não podia ser desenrolado, graça a um scanner tomográfico de raio X e à IA ele pôde ser lido e decifrado.

Ademais, a IA pode identificar a autoria de manuscritos considerados anônimos, como o que ocorreu com um texto do século XVII, conservado na Biblioteca Nacional da Espanha. Trata-se do manuscrito *Laura la Française,* comédia escrita no século de ouro espanhol. Transcorreram 150 anos até que pesquisadores utilizassem a IA. Podemos ler, na reportagem de Marie Bolinches, a identificação da autoria em duas etapas:

"Para fazer isso, o programa utilizado deve, primeiramente, ser treinado em caligrafia do século XVII e a transcrever em letra de imprensa. 'A inteligência artificial trabalha com uma potência que o ser humano nunca terá. Nesse caso, falamos de 1300 manuscritos. Seria impossível para nós' – sublinha Alvaro Cuéllar, pesquisador da Universidade de Viena.

"A segunda etapa consistiu em comparar o manuscrito com o estilo de Lope de Vega, graças a uma plataforma digital criada especialmente pela equipe de pesquisa. 'Pedidos à inteligência artificial de religar os textos que têm o estilo mais próximos', esclarece Alvaro Cuéllar.

"'Entre as peças de Lope, há, pois, *Laura la Française*', acrescenta Germán Vega, outro pesquisador. 'Nós mesmos comparamos, em seguida, o estilo do manuscrito com os textos de Lope, seus personagens, seus nomes e suas características'.

"Essas novas ferramentas digitais permitirão talvez resolver outros mistérios literários, especialmente os que envolvem o mais célebre dramaturgo do mundo, William Shakespeare".[11]

A IA pode funcionar como coadjuvante da arte de escrever. Assim, **Genaro**, concebida por David Defendi, escritor, e Louis Manhès, engenheiro, e apresentada ao público em 2020, mas atualizada recentemente. Segundo David Defendi, "a inteligência artificial [Genaro] não escreverá o texto em seu lugar. É uma ferramenta que sugere, que pode inspirar, porém não existe ainda fórmula mágica para produzir um romance ou um roteiro". A sua colaboração se resume a realizar pesquisas documentais, fazer sugestões ou mesmo em escrever textos, em apoio a escritores e roteiristas; gerar tramas narrativas sobre as quais o autor trabalhará, sugerir sinopses, combinadas com lugares, épocas, perfis de personagens e também analisar as emoções descritas. Genaro foi desenvolvida a partir da tecnologia da OpenAI, baseada no ChatGPT e Dall-E 2. Essa tecnologia permite comparar o texto e o enredo proposto por seu usuário com as obras-primas da literatura. O grande risco da utilização de IA para a produção de textos, segundo David Defendi, é a estandardização e a série de clichês.[12]

Creio ser interessante observar que, em 1831, Mary Shelley, autora da obra *Frankenstein,* escreveu na introdução, antecipando em certo sentido a explicação do funcionamento da IA para a geração de textos e imagens:

"Tudo precisa de um começo, como diria Sancho Pança; e esse começo precisa ter conexão com uma referência preexistente. Os hindus dão ao mundo um elefante para sustentá-lo, mas fazem o paquiderme se apoiar em uma tartaruga. A criação, deve-se admitir humildemente, não consiste em gerar a partir do vazio, mas do caos; os materiais devem, em primeiro lugar, ser fornecidos: eles podem oferecer contorno à substâncias escuras e disformes, mas não trazer à existência a própria substância. Em todas as questões de descoberta e criação, mesmo as que pertencem à imaginação, somos continuamente lembrados da história de Colombo e seu ovo. A criação consiste no poder de aproveitar as capacidades de determinado assunto e moldar as ideias que ele sugere."[13]

A explicação do que poderia vir a ser a IA, referente à geração e à criação da obra de arte, está em que estas não têm como ponto de partida o "vazio, mas o caos"; nada se cria do nada. Não se trata, portanto, de comparar a IA com o que se poderia chamar de efeito Frankenstein...

A Música

A *Netflix*, distribuidora e produtora de filmes, veiculou uma série denominada *Spotify*. Trata-se de aspectos técnicos e modelo de negócios dessa modalidade de *streaming* de conteúdos musicais gratuitos e mantidos apenas pela publicidade, sem pagar direitos autorais, portanto configurando atividade de pirataria. É também a história de uma obsessão de seu principal inspirador em reduzir ao máximo o tempo entre a demanda do usuário e a entrega da música requisitada. Um trabalho e tanto para o jovem programador contratado para a tarefa. As gravadoras, como a Sony, combatem desde sempre a pirataria que lhes reduzem o lucro e retiram dos criadores musicais os *royalties* a que fazem jus. É um combate difícil em que a composição de interesses talvez seja a melhor tática.

Surge agora a utilização de IA por plataformas que criam e alteram músicas, e que permite a elaboração de trilhas a partir do zero e/ou remover de uma faixa a parte vocal ou instrumental, como é o caso das plataformas *Acapella Extractor, Remove Vocals* e *Songmastr*. E defendem-se afirmando que tais procedimentos não afetam os direitos autorais. Mas a *Recording Industry Association of America* – RIAA (da sigla em inglês) não pensa da mesma maneira, incluindo esse tipo de serviço como pirataria, causando gravame, portanto, aos direitos do autor. A RIAA elenca todos os sites que disponibilizam *downloads* de músicas a partir de vídeos ou *streaming* e até *sites de torrents*. A Associação pretende que há risco de uso inapropriado das tecnologias baseadas em código aberto. Segundo reportagem publicada pelo portal *tudocelular.com,* em 1º de novembro de 2022, "procuradas pelo portal *TorrentFreak,* as plataformas citadas – administradas pela mesma pessoa, diga-se – a RIAA não entrou em contato com elas para apontar as reclamações. Além disso, é dito que as plataformas não usam IA, mas 'um conjunto predeterminado de operações, que transformam a entrada do usuário, usando propriedades gerais de uma música de referência'. Alega ainda que a RIAA mistura informações factualmente erradas, além de usar de forma impertinente o termo IA, sem conhecer o que está por trás dos sistemas e de apresentar provas insuficientes para vincular os serviços à pirataria." A *Songmastr* adequou-se às exigências da RIAA e atualmente só coloca à disposição do usuário músicas de que a plataforma detém os direitos autorais, ou seja, obras de iniciantes.

A RIAA, igualmente, denunciou a plataforma *NFT HitPiece*, com a alegação de que comercializar músicas como NFTs, sem a aquiescência dos autores, configura uma violação de seus direitos.

Por outro lado, *tudocelular.com* refere-se à plataforma **Mubert**, que utiliza a IA na composição de música: "Em tempos de *deepfakes* e outros produtos criativos gerados por computador, como desenhos por meio de plataformas como a DALL-E, Midjourney e DreamStudio, a música é outra das artes que está sendo, de alguma forma, invadida pelas redes neurais. Se computadores já foram capazes de completar sinfonias de Schubert e Beethoven mundo afora, agora uma plataforma mais acessível está prometendo gerar música do zero, ao gosto do freguês, com poucos cliques. Trata-se da *Mubert*, um site que oferece uma inteligência artificial que aprendeu a criar as chamadas *trilhas brancas*, isto é, sem direitos autorais, e que funcionam bem como música de fundo para vídeos, podcasts e afins, disponíveis em diferentes gêneros. O portal é uma nova opção para quem depende de bancos de sons gratuitos e tem uma ideia do que quer. No Mubert, basta inserir a duração da música que deseja, pensar no estilo ou no clima e pedir para o resultado ser gerado." Finalmente, a Mubert oferece *streaming* com músicas relaxantes.

Google, igualmente, tem o programa

MusicLM, que possibilita a geração de canções completas, música e letra, a partir de descrição, tal como Midjourney em matéria de imagem. Trata-se de uma linguagem experimental e Google não remunera quem dela faz uso. Em 2021, a equipe de *Google Arts & Culture*, juntamente com profissionais da música, criaram um algoritmo para transformar o célebre e maior quadro do pai moderno da arte abstrata, Vassily Kandinsky, intitulado *Amarelo-vermelho-azul*, em sequências musicais. Faz-se um pedido em forma de descrição textual ao algoritmo: "uma melodia de violino relaxante apoiada por um riff de guitarra distorcido. E então MusicLM gera "uma música de 24 kHz que permanece coerente durante vários minutos", segundo os engenheiros do Google. Esses pesquisadores disponibilizaram uma plataforma on-line onde pode-se encontrar todas as funcionalidades de MusicLM.

Assim, o *Centre Pompidou*, da França, organizou, em parceria com *Google Art & Culture*, um espetáculo, propiciando uma experiência interativa denominada *Play a Kandinsky,* e que consiste em "tocar musicalmente seu mais célebre quadro". Kandinsky possuía o dom da sinestesia, que é a capacidade de conectar alguns sentidos entre si. O algoritmo utilizado nessa experiência foi concebido por Angela Lampe, curadora da obras do pintor no *Centre Pompidou*, e pelos artistas Antoine Bertin e NSDOS, entre outros. Angela Lampe observa: "Kandinsky tinha por hábito pintar com música. A sinestesia tinha uma influência essencial sobre o que ele pintava. Recuperamos em seu ateliê os discos que ele escutava ao pintar, nós os integramos ao algoritmo, que extraiu as partituras e as reinterpretou em música."[14] As emoções e as sonoridades são assim associadas e recriadas pela *machine learning*, e pode-se viver suas próprias emoções através de um quadro, que perpassa por ele um filtro virtual e interativo.

Segundo Marcus Dupont-Besnard, de *Numerama.com,* estas funcionalidades são as seguintes:

• "Geração áudio a partir de uma descrição complexa: 'um excerto funk com um ritmo forte e dançante e uma linha de baixo proeminente. A melodia atraente de um teclado acrescenta uma camada de riqueza e de complexidade à canção', à guisa de solicitação dá um som de 30 segundos."

• "Geração longa: o mesmo procedimento, porém para um trecho completo até 5 minutos."

• "Modo história: com o mesmo princípio, é possível fazer evoluir o som a partir de uma sequência de solicitações, um pouco como uma miscelânea [*pot-pourri, medley*], passava do jazz ao rock, depois ao pop."

• "Condicionamento do texto e da melodia: esse procedimento é similar a um pedido dirigido à Midjourney por um estilo particular de pintura. Você pode pedir para tocar *Bella Ciao*, seja no piano, seja na guitarra, seja em assobio, etc."

- "Condicionamento por uma imagem: MusicLM gera um som a partir de uma pintura e de sua legenda. *La Bonaparte* de Jacques-Louis David será, desse modo, transformado em uma sequência áudio triunfante, por exemplo."

Marcus Dupont-Besnard mostra a seguinte captura de tela como exemplo da geração de música por MusicLM a partir de uma pintura. A fonte é Google:

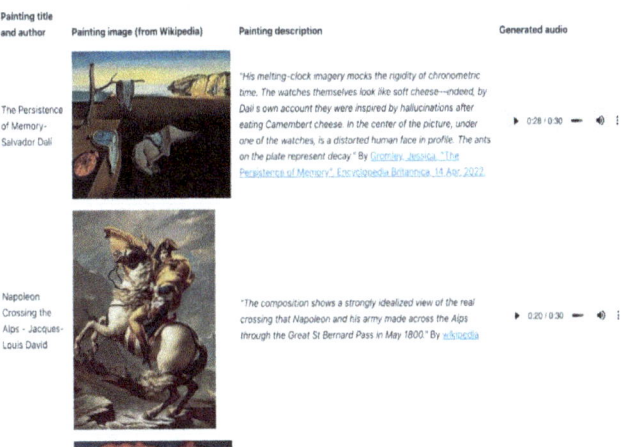

- "Geração de 10 segundos a partir de texto:

sons curtos, como amostras, para os instrumentos (guitarra, flauta) ou então um gênero específico (rap, 90s Berlin house), uma atmosfera ligada a um local (praia no Caribe, fuga de prisão), uma época (um clube dos anos 80 vs um clube dos anos 2000), e mesmo... um nível de competência (piano tocado por um principiante ou por um profissional)."[15]

Essa plataforma se encontra ainda em fase de aperfeiçoamento, daí seus resultados não atingirem todo o seu potencial. O processo técnico, no entanto, segundo os engenheiros do Google, deve suplantar todos os outros modelos precedentes no que concerne a qualidade do áudio e a fidelidade ao texto.

A Imagem

A fotografia foi inventada no final do

século 18. Surgem, em seguida, os primeiros daguerreótipos, desenhos fotogênicos e as provas fixadas numa solução de hipossulfito de sódio a partir de negativos calótipos. A reprodução fotográfica é difundida pela imprensa popular. Desponta, assim, o fotojornalismo. Já era possível desenhar em um daguerreótipo e copiar a imagem em forma de gravura em madeira para produzir um documento visual que poderia ser utilizado pelos jornais ilustrados. Embora o daguerreótipo fosse destruído com esse procedimento, a reprodução da imagem se tornava quase sem limites. As imagens obtidas dessa forma apareciam com a legenda, ao lado, *From a daguerreotype,* que assegurava a sua autenticidade. Em 1842, aparece na Inglaterra o primeiro magazine ilustrado, com periodicidade semanal: o *Illustrated London News.*

Dessa época para cá, foi um longo trajeto. Atualmente, imagens (desenhos, pinturas, fotos) podem ser geradas por IA. Recentemente, três renomadas desenhistas, Sarah Andersen, Karla Ortiz e Kelly McKernan, ingressaram em juízo com uma ação na Justiça dos EUA contra Stability AI, criadora do Stable Diffusion, e ainda contra Midjourney e a plataforma DeviantArt. Elas reclamaram uma indenização por suposta utilização de suas obras.

Elas alegaram que Stable Diffusion é uma "ferramenta de colagem do século 21, que viola os direitos dos artistas". Elas tentaram demonstrar que essas plataformas de IA, geradoras de imagens, foram treinadas e funcionam graças a milhões de obras utilizadas sem o consentimento de seus autores, e que, portanto, trata-se de uma enorme pirataria. Chegaram a afirmar que a base de imagens LAION, utilizada pela Stable Diffusion no treinamento de sua IA, contém cerca de cinco bilhões de imagens, e que isso configura o maior roubo de obras de arte da história.

No Japão, a Ministra da Educação, Cultura, Esportes, Ciência e Tecnologia, Keiko Nagaoka, declarou, no início de junho de 2023, que o seu país não oferece proteção a materiais protegidos por direitos autorais incorporados em conjunto de dados de IA. Não haverá, portanto, segundo a ministra, violação de *copyright* quando se tratar de treinamento de IA. Essa decisão se inscreve no propósito do governo japonês de criar uma IA nos moldes do ChatGPT, da OpenAI.

François Baranger, renomado ilustrador que trabalhou em *Harry Potter*, *O Choque dos Titãs*, e também nos videogames *Heavy Rain, Beyond: Two Souls*, autor de álbuns tirados de *Lovecraft*, em artigo publicado no dia 29 de dezembro de 2022, em *Numerama*, escreveu, exprimindo toda a sua indignação diante dos programas que permitem gerar automaticamente imagens a partir de uma descrição textual: "No começo, o mundo da arte foi atingido de estupor diante da rapidez dessa inovação, depois, pouco a pouco, os artistas tomaram consciência do perigo que ela representava a longo termo. Para todo o mundo". Esses programas "são baseados em inteligências artificiais (IA), o que significa que eles 'aprendem' gradativamente e que o seu desempenho melhora, portanto, rapidamente com o tempo". Em seguida, ele descreve como esses programas embarcados com IA funcionam. E argumenta: "De um ponto de vista filosófico, em primeiro lugar, e este é o ângulo mais difícil de se abordar, posto que ele recorre a noções confusas e às vezes contraintuitivas. O [dicionário] *Petit Robert* define arte como: 'Expressão de um ideal estético; conjunto de atividades humanas criativas visando à essa expressão'. Humanas, a palavra é colocada. **A arte é a expressão estética de um humano**". Portanto, a arte possui um componente subjetivo que a faz nascer. "Ora, para ter uma visão pessoal, é preciso que se seja uma pessoa" – afirma ainda, para concluir: "A arte está em todos os lugares. Ora, sem direitos autorais, não há artistas. E, sem artistas, eu os deixo imaginar a tristeza do mundo no qual nós viveríamos."

Mas, a rigor, como funciona essa tecnologia de geração de imagem via IA? Efetivamente, a capacidade dessas ferramentas geradoras de imagens resulta da análise de bilhões de fotos, desenhos, ilustrações, pinturas escaneadas diretamente das telas. De fato, essa IA foi treinada com um enorme número de imagens, muitas sendo protegidas por direitos autorais. Não obstante, pode-se afirmar que as imagens geradas são provenientes de tal ou qual cópia? Segundo especialistas em IA, o processo é bem mais complicado e há que se entender como funciona a tecnologia de *machine learning* (aprendizagem automática). O modelo chamado de *difusão* não consiste em copiar nenhuma imagem, tanto mais que a base LAION-5B não hospeda nenhuma imagem, apenas direciona para os sites web que as possuem. Até porque estocar imagens "cópias de imagens de treinamento comprimidas", como alegado, seria impossível, dada a exigência de uma capacidade astronômica de armazenamento. Olivier Martinez, Product Manager e fundador de 255hex.ai, assim explica: "Stable Diffusion não armazena imagem e não utiliza uma imagem existente para a partir dela criar uma outra. Ela gera um visual graça ao aprendizado que ela teve e 'parâmetros' e 'ligações' que ela, a partir daí, estabeleceu." Há que se assinalar que existe, nos EUA, o instituto jurídico denominado *fair use* (utilização razoável, justa e aceitável), que permite que artistas e agora a IA se inspirem e transformem o conteúdo original protegido pelo *copyright*, criando uma nova obra. Constitui uma exceção à regra do *copyright*. O Copyright Registration Guidance – USCO propôs, relativamente à IA, uma interpretação que não durou muito: se o resultado obtido com a contribuição da IA reflete "a própria concepção mental" do autor – e que tudo depende, pois, "do funcionamento da ferramenta da IA e da maneira como ela foi utilizada para criar a obra final", e não uma simples reprodução mecânica, seria passível de registro.

Mas, atualmente, está em vigor um outro entendimento quanto à autoria.

O Copyright Registration Guidance – USCO, escritório oficial de registro de direitos autorais nos EUA, é um órgão administrativo ligado à Biblioteca do Congresso. Em setembro de 2022, foi concedido o registro a um livro de quadrinhos, *Zarya of the Dawn,* da fotógrafa nova-iorquina Kris Kashtanova, que utilizou imagens geradas por Midjourney. O USCO atribuiu a totalidade dos direitos à fotógrafa. Depois, o escritório reviu o registro, alegando que Kashtanova não informara que as imagens haviam sido geradas por IA. Em face disso, só lhe reconheceu a titularidade sobre o texto, a organização e a diagramação do livro em quadrinhos, deixando de fora as imagens, posto que o *copyright* só se aplica a criações humanas; o próprio vocábulo "autor" exclui os não-humanos.

A USCO publicou, em 15 de março de 2023, novas diretrizes sobre essa questão, que passou a vigorar a partir do dia 16. O escritório assinala que "os usuários não exercem um controle criativo final sobre a maneira como esses sistemas interpretam as instruções e geram imagens ou texto". Portanto, a proteção se aplica tão somente à parte criada pelo homem. Essas disposições são válidas não só para as imagens, mas, igualmente, para textos e músicas, para efeito de registro no Copyright Registration Guidance. Assim, imagens, músicas e textos gerados por IA passam a ser de domínio público, à luz do direito dos EUA.

No direito francês, o artigo L-121-1, do Código da Propriedade Intelectual (*Le Code de la Propriété Intelectuelle*), assim estatui: "O autor possui o direito ao respeito de seu nome, de sua qualidade e de sua obra. Esse direito é vinculado à sua pessoa. Ele é perpétuo, inalienável e imprescritível. Ele é transmissível em caso de morte aos herdeiros do autor. O exercício pode ser atribuído a um terceiro em virtude de disposições testamentárias." ("L'auteur jouit du droit au respect de son som, de sa qualité e de son oeuvre. Ce droit est attaché à sa personne. Il est perpétuel, inaliénable et imprescriptible. Il est transmissible à cause de mort aux héritiers de l'auteur. L'exercice peut être conferé à un tiers en vertu de dispositions testamentaires.").

Na Alemanha, a Lei sobre Direitos do Autor e Direitos Conexos (*Urheberrechtsgesetz – UrhG*), de 9 de setembro de 1965, na Parte 1 – Direitos Autorais, Seção 2, lê-se: "Obras Protegidas: Somente as próprias criações intelectuais do autor constituem obras na acepção desta Lei". E na Seção 7 define autor: "O autor é o criador da obra".

No direito brasileiro, a Lei 9610, de 19 de fevereiro de 1998, assim define qual obra deve ser e a que não deve ser protegida pelos direitos autorais em seu artigo 7º: "São obras intelectuais protegidas as criações do espírito, expressas por qualquer meio ou fixadas em qualquer suporte, tangível ou intangível, conhecido ou que se invente no futuro".

E no artigo 11, conceitua "autor": "Autor é a pessoa física criadora de obra literária, artística ou científica".

A lei brasileira afirma que a proteção à obra de arte não se deve ao fato de estar registrada em órgão competente. Dessa forma, o art. 18 assim dispõe: "A proteção aos direitos de que trata esta Lei independe de registro."

Ainda, em seu artigo 4º determina: "Interpretam-se restritivamente os negócios jurídicos sobre os direitos autorais".

Os direitos morais e patrimoniais sobre a obra de arte são, assim, protegidos por lei. Em todo o caso, para haver autoria é necessário ter uma pessoa humana como autora. E para que haja uma obra de arte, há necessidade de um autor, ainda que produzida por IA e considerada de domínio público? Até porque a pessoa que coloca o prompt para o programa de IA não é legalmente reconhecida como autora da obra de arte assim produzida. Mas fica a pergunta: pode existir obra de arte sem autor, entendido aqui no sentido jurídico da palavra, ou seja, aquela obra produzida por IA?

Recentemente, Pixelbin.io desenvolveu uma ferramenta de IA chamada de **Watermark Remover.io** que apaga em pouco tempo, e gratuitamente, as filigranas (marcas d'água) postas sobre as ilustrações e fotos pelos bancos de imagens, a fim de proteger os direitos autorais. Especialistas do *The Verge* testaram a eficácia dessa ferramenta em imagens, como ilustrações e fotografias, de plataformas conhecidas: Adobe Stock, Shutterstock et Getty Images. E conseguiram remover integralmente as filigranas, ou outro tipo de marca d'água. As marcas d'água mais resistentes à remoção são as da Getty Images. Por outro lado, as assinaturas dos artistas apostas nas ilustrações dos três bancos de imagens foram as que apresentaram um maior grau de dificuldade para a sua supressão. Trata-se, evidentemente, de uma conduta ilegal. E essa IA de remoção de marcas d'água está apenas no começo...

Isso coloca, obviamente, questões de natureza ética e jurídica. Getty Images, um dos maiores bancos de imagens do mundo, acusa Stability AI de ter copiado e tratado ilegalmente milhões de imagens protegidas por direitos autorais e os metadados associados detidos ou representados por Getty Images, razão pela qual poderá intentar uma ação judicial contra Stability AI. Desde 2022, Getty/iStock e outros bancos de imagens como Newgrounds, PurplePort, Affinity, baniram de suas plataformas todas as imagens geradas por IA. Por outro lado, outro banco de imagens como Adobe Stock aceitam tais conteúdos iconográficos, à condição de colocarem uma menção sobre sua origem.

A utilização de imagens geradas por IA chegou ao mundo da edição na França e inaugurou toda uma discussão sobre ética e consequências para os artistas gráficos. A editora Michel Lafon utilizou uma imagem produzida por Midjourney para ilustrar a capa do livro *Poster Girl*, de Veronica Roth. A publicação do livro *La Fabrique des Lendemains,* de Rich Larson, no início de 2023, pela editora Livre de Poche, do grupo Hachette, contém imagens, inclusive na capa, geradas por Midjourney. A diretora artística da editora, Bénédicte Marchand, contatada por *Numerama*,[16] afirmou que isso foi um erro e que não acontecerá mais, e acrescentou: "Todos esses problemas de imagens geradas por IA é recente para nós. Se isso me parece evidente agora que ela foi gerada por uma IA, naquele momento [meados de 2022], sequer imaginávamos. Não temos vontade de trabalhar com esse tipo de iconografia. Lamentamos de ter sido feito sem o nosso conhecimento".

Como vimos, essa utilização de imagens geradas por IA envolveu, nesse caso específico, não um aspecto legal, mas ético, posto que tem como consequência a exclusão do trabalho criativo humano, com sérias repercussões socioeconômicas para os artistas do setor.

O fotojornalismo também está sendo afetado pela IA. Com efeito, ainda na França, três sites de imprensa (*Le Figaro, So Foot* e *Regards*), em apenas uma semana utilizaram imagens geradas por Midjourney, o que suscitou viva reação dos fotojornalistas nas redes sociais. Imediatamente, *Le Figaro* atualizou a informação veiculada, substituindo a ilustração por uma foto inexpressiva. Segundo Alexei Grinbaum, presidente do Comitê de Ética Digital no Comissariado de Energia Atômica da França (*Comité d'éthique numérique au CEA*), "A necessidade de se poder distinguir as imagens reais das geradas [por IA] é essencial, principalmente no jornalismo. A ideia é de se colocar um código em filigrana, chamado de *watermark* (marca d'água), para que a pessoa que visualize possa utilizar um algoritmo de controle, a fim de saber se a imagem é gerada por IA ou não." E continua: "A identificação de falsos conteúdos permanecerá sempre realizável, porém, não a olho nu, isso exigirá um esforço técnico suplementar." E acrescenta: "Apesar disso, é possível suprimir esses metadados, no entanto, é preciso ser profissional e dedicar muito tempo nisso, byte a byte, o que não está ao alcance de qualquer um."[17] Com efeito, não é tarefa fácil para o grande público identificar esses metadados, como a tatuagem digital indicando data, hora e lugar da captura da foto.

Os veículos de imprensa também deveriam tomar medidas, a exemplo do *New York Times* que, juntamente com Adobe, criaram um projeto denominado *Content Authenticity Iniciative – CAI* e que consiste no enquadramento técnico das fotos de imprensa, não visando naquele momento à IA, mas aos clichês digitais. O CAI combina um *framework* a algoritmos, a fim de garantir a autenticidade das imagens a serem veiculadas.

Plataformas como Midjourney, Dall-E, Stable

Diffusion, entre outras, disponibilizaram na internet um serviço para criar, a partir de uma simples frase, imagens realistas ou fantasistas em alguns segundos. Conforme *FranceInfo.fr*, "para testar a versão beta de Midjourney, você deve passar pelo serviço de mensagem *Discord*. Midjourney disponibilizou recentemente o modelo V5, que gera imagens ainda mais realistas. A partir de uma simples descrição textual, são geradas imagens em conformidade com o pedido. Em sua mensagem de apresentação, Midjourney informa que "ele é muito mais 'sem opinião' do que o V3 e o V4, e ele é regulado para fornecer uma grande diversidade de resultados e para ser muito reativo às suas entradas."

As novidades apresentadas por essa última versão são as seguintes: um rol estilístico muito mais amplo, saída de imagens mais variadas, uma maior reação ao prompt, uma qualidade de imagem muito superior (resolução x2), imagens com mais detalhes, assistência com relação às texturas sem cortes ou interrupções. Midjourney abriga um modelo de IA chamado *NijiJourney*, que já existia nas versões anteriores, mas que, na versão V5, foi aprimorado, a fim de criar ilustrações conforme a estética dos mangás japoneses. Essa inovação foi anunciada pela empresa no dia 4 de abril de 2023.

Por outro lado, Stable Diffusion é um programa livre, porém necessita de um computador potente para executar. O mais acessível é indubitavelmente Dall-E. Para você experimentá-lo, é preciso ir para o site de seu criador, OpenAI, criar uma conta, em seguida descrever precisamente em inglês, a imagem que você imagina. Você pode, igualmente, informar o estilo em que deve ser realizada a obra, bem como o nível de detalhe esperado." Ainda, consoante *FranceInfo.fr*, essa tecnologia funciona "com a ajuda de um sistema de aprendizagem automatizada inspirada no funcionamento do cérebro humano – fala-se de uma rede de neurônios artificiais –, o sistema chega, pouco a pouco, a compreender as recorrências entre as diferentes imagens, a reproduzi-las, para em seguida combiná-las." Para a criação de avatares estilizados, existem dois aplicativos: o americano **Lensa** e o israelense **AI Time Machine**. "Nos dois casos, é preciso fornecer à IA uma dezena de selfies ou de autorretratos em pé, a fim de 'alimentar' o algoritmo e de treiná-lo para fornecer uma representação coerente de sua pessoa. Alguns minutos depois, o sistema lhe propõe uma galeria de retratos automáticos. Lensa se especializa em avatares artísticos ou que parecem saídos de universos fantásticos, enquanto a AI Time Machine cria retratos imaginários de diferentes períodos históricos. Esta última é editada por MyHeritage, uma sociedade especializada em genealogia."[18] Ambos os sistemas realizam avatares inspirados num imenso conjunto de obras originais, escaneadas dos arquivos disponíveis na internet. Lensa utiliza a mesma tecnologia de Stable Diffusion para criar retratos artísticos, e AI Time Machine recorre ao sistema Astria, que opera também nesse setor.

Em fevereiro de 2023, Adobe lançou **Firefly**, inteligência artificial generativa que, com um sistema de regulagem e baseado em seu banco de dados **Stock**, é possível criar imagens bem sucedidas, podendo tornar-se um auxiliar importante àqueles que se dedicam às artes gráficas. Trata-se ainda de um programa experimental, mas que permite aos assinantes de Photoshop testarem duas funcionalidades: criação de imagens e criação de fontes personalizadas. Pode-se supor que, quando Firefly for embarcada no Photoshop, será de enorme utilidade para os ilustradores gráficos e afins, na elaboração de personagens de quadrinhos ou criações surrealistas ou hiper-realistas. Firefly não é ainda acessível mediante um programa Adobe específico, mas está disponível em beta, através de um navegador web.

No quadro de seu programa **Google Brain**, a empresa americana desenvolveu o projeto **Imagen**, que utiliza IA para ilustrar com fotos hiper-realistas um texto.

Ainda, no que se refere à produção de iconografia, Microsoft, em parceria com OpenAI, vai utilizar a tecnologia denominada de *text-to-pix,* ou *text-to-image* (do texto para a imagem), baseada no modelo de linguagem GPT-3, concebida para produzir imagens visuais a partir de uma descrição textual e que usa uma técnica conhecida por *difusão.* O algoritmo, embora não faça pesquisa na internet, foi treinado em enormes bases de dados existentes na web, como Flickr, Wikipedia, WikiArt, Shutterstock, blogs, plataformas de arte digital, tais como DeviantArt, que disponibiliza, essa última, a ferramenta DreamUp, e ainda outras plataformas.

Por outro lado, contudo, a IA na área das artes plásticas tem demonstrado também ser de grande utilidade na identificação da autoria. Com efeito, em 1981, George Lester Winward, colecionador de obra de arte e especialista no assunto, comprou uma pintura representando Maria com o menino Jesus no colo. Era um quadro de 94 centímetros, cuja autoria era desconhecida. Winward comparou o quadro com *La Madona Sixtina,* pintado em 1512 por Rafael, e constatou uma grande semelhança. Trata-se de Maria igualmente carregando no colo o menino Jesus, ladeados por São Xisto e Santa Bárbara e, mais embaixo, dois querubins.

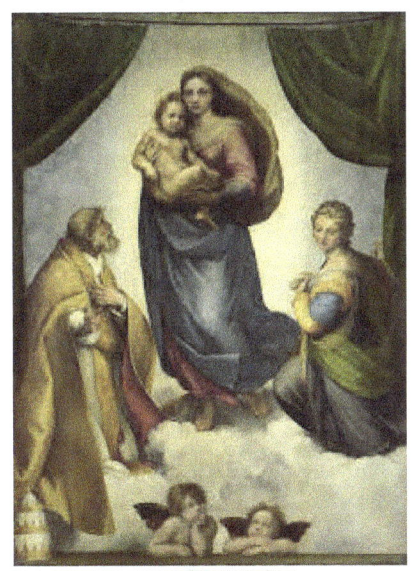

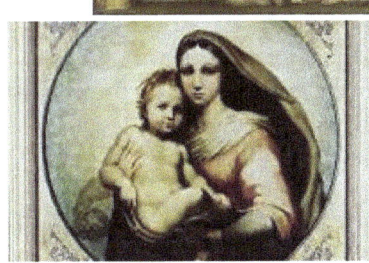

(Fonte: Google)

Já bastante idoso, Winward criou uma organização denominada De Brécy Tondo e lhe atribuiu a tarefa de desvendar o mistério da autoria. A descoberta levou mais de quarenta anos, feita graças à IA. O trabalho foi realizado por pesquisadores da Universidade de Nottinghan e da Universidade de Bradford, no Reino Unido. Deve-se a Hassan Ugail, professor de computação visual na Universidade de Bradford, a criação da IA para tal fim. Sobre a resolução do mistério envolvendo a autoria da obra, ele afirmou que essa IA "leva em conta os atributos físicos como as formas, cores e as texturas do rosto, mas também milhares de outros [atributos] que não poderiam ser descritos visualmente, nem fisicamente."

Comparando os dois quadros, a IA indicou uma semelhança entre as duas figuras de Maria da ordem de 97 por cento; entre os meninos Jesus, é de, ao menos, 75 por cento entre os dois rostos – estes são considerados idênticos e, portanto, no caso em questão, pintados pela mesma pessoa.[19] Alguns especialistas objetam, não obstante, que a IA não faz distinção entre obras de arte verdadeiras, quanto à autoria, e cópias falsificadas. Hassan Ugail afirmou que "Foi uma grande curva de aprendizado para entender o mundo da arte e como os especialistas quase não usam evidências científicas. Os pesquisadores do modelo usaram marcos de dimensões que o olho humano não consegue ver".[20]

Atentem para estas três imagens:

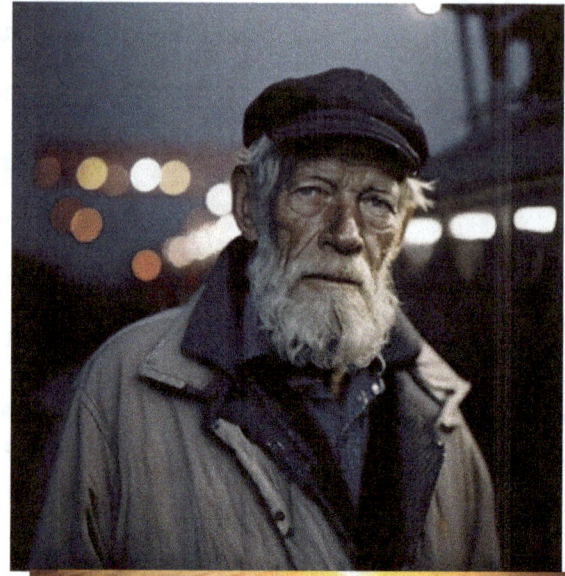

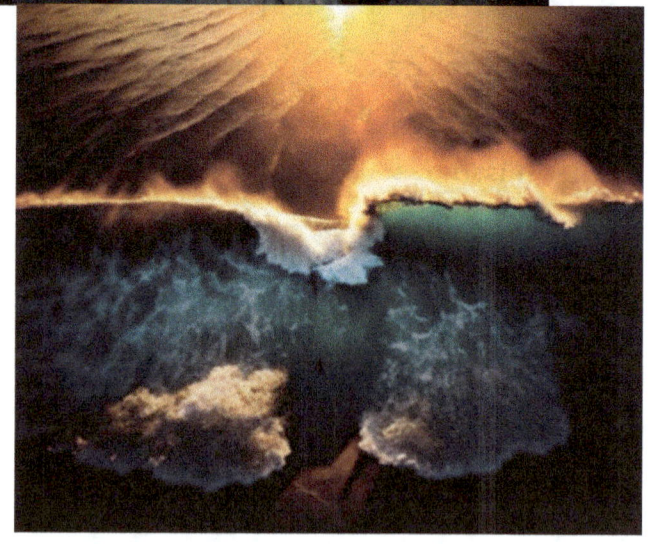

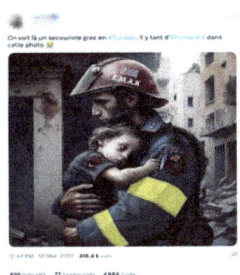

A primeira é uma Imagem de um marinheiro criada por Midjourney e utilizada na capa da revista *Réponses Photos,* em sua edição referente a março de 2023; a segunda é a foto vencedora do concurso *Digidirect*, gerada por Absolutely AI: é o quebrar de uma onda, em tons de azul escuro, sobre uma praia e, ao fundo, o reflexo de luz laranja do Sol se pondo, com dois surfistas; a terceira é um socorrista grego na Turquia: "Há tanta humanidade nesta foto", diz a legenda (imagem e texto publicados no Facebook por Panagiotis Kotridis, antigo comandante do corpo de bombeiros gregos); a imagem foi gerada por Midjourney e Photoshop. (Captura de tela publicada por *Phototrend*).

Jean-Nicolas Lehec, responsável editorial de *Phototrend,* propõe uma análise sobre e a partir dessas imagens geradas por IA, interessante em todos os aspectos. Tais imagens, segundo ele, embaralham "nossa percepção da realidade". Ademais, essas imagens não saem de "nenhum lugar". "Essas diferentes IA foram, desse modo, 'treinadas' a partir de milhões de imagens encontradas na internet, especialmente em Flickr, Wikipedia, Shutterstock – colocando sérias questões quanto ao respeito aos direitos autorais." Ainda que haja técnicos encarregados de "enquadrar" os resultados da IA para "evitar a proliferação de conteúdos problemáticos", essas imagens "perturbam nossa relação com o real. Como diferenciar uma foto 'verdadeira', capturada por um fotógrafo de carne e osso, de uma imagem 'mais verdadeira do que a natureza', porém gerada pelo computador?" A IA gera imagens *ex-nihilo* hiper-realistas da natureza, como fez o fotógrafo búlgaro Aurel Manea, que gerou mais de 1200 "fotos de paisagem" mais "verdadeiras" do que a própria natureza.

Na descrição de Jean-Nicolas Lehec, esse marinheiro de "barba branca, cujas rugas profundas são sublinhadas por uma sutil iluminação, [em que] delicadas bolas de *bokeh*[21] vêm compor o plano de fundo. Salvo que o marinheiro dessa foto... não existe. Muito menos seu barco em segundo plano". Thibaut Godet, redator-chefe da revista *Réponses Photos,* dá a seguinte explicação: "Essa imagem foi, na realidade, gerada por Midjourney, um programa de IA a quem pedimos de conceber a foto de um marinheiro de noite, diante de seu barco, em um tempo chuvoso, realizada por uma câmara analógica, com formato médio e com *bokehs*."

A segunda imagem foi premiada num concurso de fotos promovido por um revendedor de produtos high-tech, denominado Digidirect. Essa foto induziu a erro o júri composto por especialistas. Num comunicado da Absolutely AI, que gerou tal foto, publicado no Instagram, pode-se ler:

"Esta semana, ganhamos uma popular competição de fotografia @digidirect ao inscrever uma foto de drone de um par de surfistas ao nascer do Sol. É uma imagem bonita, mas não é real. É a primeira fotografia premiada gerada por IA do mundo. Depois de saber que havíamos vencido, chegamos à empresa que administra a competição e devolvemos o prêmio em dinheiro. Então, por que fizemos isso? Fizemos isso para provar que estamos em um ponto de virada com a tecnologia artificialmente inteligente, passando no teste final. Poderia uma imagem gerada por IA não apenas passar despercebida (nenhuma pessoa que viu a imagem sentiu algo fora do comum), mas realmente receber o prêmio máximo de um especialista em fotografia? A resposta é retumbantemente sim. Vamos olhar para trás neste tempo como o tempo tudo mudou. O gênio está fora da lâmpada e não há como voltar atrás à medida que a automação se move em nossas vidas cotidianas. Recentemente, vimos o ChatGPT passar por exames médicos, de negócios,

mas ninguém discutiu o impacto que a IA terá nas indústrias criativas. De volta à nossa premiada 'fotografia...' Entramos no concurso de fotografia usando o nome Jan van Eycke, o mesmo nome do pintor do século 15 que é conhecido por criar a obra de arte mais roubada de todos os tempos. Ou, para ser mais exato, foi a obra de arte mais roubada... até agora. Os surfistas em nossa imagem nunca existiram. Nem aquela praia em particular ou trecho de oceano. É composta por uma quantidade infinita de pixels retirados de fotografias infinitas, que foram carregados on-line ao longo dos anos por qualquer um e todos. Toda obra de arte de IA tem a capacidade de roubar milhões ou até bilhões de elementos de pinturas, fotos e vídeos para criar algo novo e de tirar o fôlego. Não é exagero dizer que chegamos ao ponto em que a máquina é agora o artista superior ao homem. A história pode olhar para trás em nosso pequeno experimento de fotografia como um ponto de virada quando começamos a notar o novo mundo em que estamos vivendo. É por isso que intitulamos nosso controverso vencedor do prêmio.

"A FOTOGRAFIA MAIS ROUBADA DE

TODOS OS TEMPOS.
Sinta-se à vontade para entrar em contato
conosco com perguntas."

@absolutely.ai[22]

Isso dito, Jean-Nicolas Lehec afirma que "essa onda impressionante – e os surfistas no centro da imagem... são totalmente artificiais."

A terceira imagem mostra um socorrista grego portando uma criança turca no colo, numa atitude de aconchego. É uma atitude tão mais importante quando se sabe das hostilidades entre Turquia e Grécia em torno da soberania da ilha de Chipre, reclamada tanto por um quanto pelo outro. Mas a imagem mostra uma solidariedade e uma atitude humanitária comovente, o que levou um internauta a fazer apelo, como bem observa Jean-Nicolas Lehec, "ao campo lexical da emoção" ao legendar essa suposta foto com os dizeres: "Há tanta humanidade nessa foto". Consoante o responsável editorial de *Phototrend,* há que se observar os seguintes elementos: "aspecto liso da imagem, a atmosfera bastante pálida... ou ainda seis dedos da mão direita do socorrista!" Tudo isso agrega mais um elemento à questão da "confiabilidade das informações" que circulam na web.

E Lehec suscita uma questão crucial:

> "... a da intenção. Quando um fotógrafo (humano) aciona sua câmera fotográfica, ele o faz com o intuito de fixar um fragmento de uma situação tal como percebida por ele em um determinado instante. Coisa que uma IA teria dificuldade, posto que ela só faz imitar essa intenção primeira do fotógrafo, baseando-se em fotos de sua biblioteca.
>
> "Em todo o caso, a irrupção dessas tecnologias questiona nossa relação com o real, com a verdade reproduzida pela fotografia. E já que essas plataformas só estão em seu início, é primordial compreender todas os seus desafios desde o presente."[23]

Na *Sony World Photo Award 2023,* premiação anual de fotografia, houve um enorme constrangimento quando uma foto foi a escolhida na categoria *criação.* Trata-se da "fotografia" denominada "Pseudomnesia: the electrician", de Boris Eldagsen, que poderia até chegar a ser premiada como a melhor fotografia mundial de 2023 naquele evento. Ela foi escolhida entre 415 mil fotos oriundas de duzentos países. Somente quando o autor, fotógrafo alemão há cerca de trinta anos, com larga experiência na docência e na pesquisa, voltado mais recentemente para as possibilidades criativas da IA, recusou-se a receber o prêmio é que os organizadores e o júri da *Sony World Photo Award 2023* tomaram conhecimento da utilização da IA na elaboração da imagem escolhida como suposta fotografia. Nos motivos alegados por Boris Eldagsen por participar do concurso, pode-se destacar: "Para mim, trabalhar com geradores de imagens de IA é uma *cocriação*, da qual sou o diretor. Não se trata de apertar um botão – e está feito. Trata-se de explorar a complexidade desse processo, começando por fazer a sintonia fina da solicitação textual, depois desenvolvendo um fluxo de trabalho complexo e mesclando variadas plataformas e técnicas. Mais você cria um tal fluxo de trabalho e define os parâmetros, mais sua participação criativa torna-se elevada. [...] Eu chamo minhas imagens de 'imagens'. Elas são produzidas sinteticamente, utilizando 'o fotográfico' como linguagem visual. Não são 'fotografias'". E conclui: "Ao participar de concurso aberto a todos, eu desejo acelerar o processo de tomada de consciência, por parte dos organizadores da premiação, dessa diferença e criar concursos distintos para as imagens geradas por IA".[24]

As razões de Boris Eldagsen podem porventura fundamentar a utilização do *fair use,* de modo a legitimar a reivindicação de autoria do resultado obtido, devido a interação homem/

81

máquina com elevado grau de intervenção das habilidades e dons do artista no uso da IA com propósitos estéticos. São argumentos importantes a serem levados em conta na hora de decidir sobre a questão de autoria.

A imagem é esta:

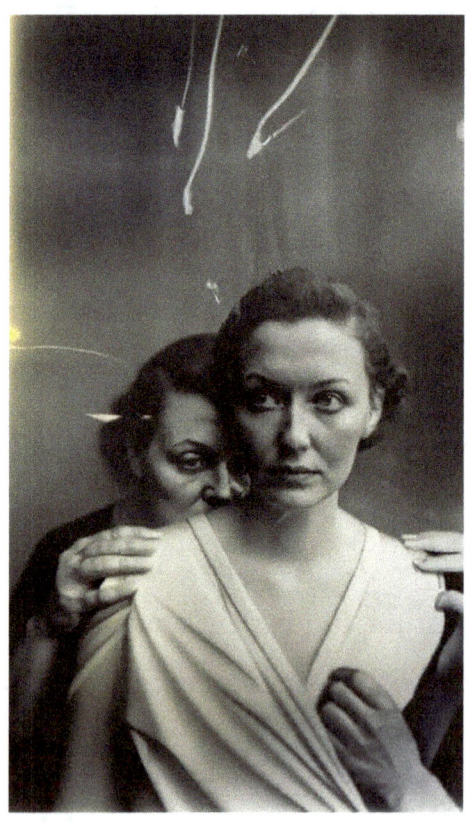

Outro exemplo de elevado grau de criatividade humana no uso da IA foi dado pela diretora e roteirista francesa Anna Apter. O seu curta-metragem *Imagine* recebeu duas premiações no *Nikon Film Festival 2023*: o Prêmio da Crítica e o Prêmio de Direção. O seu filme concorreu com 2250 inscritos. Conforme *Numerama*, em reportagem publicada dia 5 de maio,[25] ela "adotou um *parti pris* artístico para referir-se à artificialidade de nossas vidas conectadas, ela utilizou a inteligência artificial." Anna Apter exprimiu sua preocupação nestes termos: "Eu me perguntei o que eu poderia criar a partir disso." Para acrescentar que "não queria deixar a máquina criar completamente algo de A a Z." Ela, que é autora do texto (sem recorrer ao ChatGPT ou outro programa) e sua narradora, explica o conteúdo de seu curta-metragem: "Imagine uma criança que festeja seus treze anos [idade escolhida porque, com essa idade, pode-se abrir uma conta no Instagram] em um mundo em

que todos os rostos ao seu redor não existem."
O autor da reportagem em *Numerama*, Marcus
Dupont-Besnard frisou que, "contrariamente às
ideias preconcebidas, a diretora do filme não se
contentou em apertar um botão: *Imagine* não é
o trabalho de uma IA, mas o de uma humana
que utilizou uma IA." Com efeito, o seu método
de trabalho artístico consistiu em redigir o texto,
conceber as imagens a serem utilizadas, como se
fossem desenhadas num *storyboard*, as descrevendo
à Midjourney com grande precisão em seus prompts;
depois, ela gerou várias imagens com um mesmo
tema até obter aquela exatamente como queria; em
seguida, as imagens assim obtidas, ela as retocou
no Photoshop, para tirar ou acrescentar elementos
do cenário. Finalmente, ela recorreu a vários
programas e ferramentas que são amplamente
utilizadas para a animação das imagens. Foi a sua
maneira, segundo seu próprio depoimento, para
"falar dessa solidão digital e de nossas existências
nas redes sociais." E abordar o tema da infância nos

tempos atuais.

O repórter de *Numerama* sublinha que "ela é reconhecida também pelo fato que o júri tenha percebido a parte da IA e, sobretudo, a parte do humano no conjunto do trabalho artístico".

Provavelmente sensível às expectativas dos usuários para terem maior participação no processo criativo de imagens, Midjourney desenvolveu o modelo V5.1, que se encontra ainda em fase de teste. Essa versão incorpora o modo RAW ("bruto", "cru", traduzindo) que, segundo uma mensagem publicada pela empresa em 3 de maio de 2023, no Twitter, serve para "reduzir o caráter 'subjetivo' de nosso modelo e de dar ao usuário mais controle criativo". Esse modo é desativado, como padrão, porém se encontra disponível na regulagem. Trata-se, portanto, de um modelo com menos "opinião", o que significa que, quanto mais "opinião" possui o programa, ou seja, quanto mais decisões tomaram os desenvolvedores, especialmente na regulagem, menos possibilidades estão disponíveis aos usuários. O modo RAW foi criado à intenção daqueles que já possuem muita experiência na geração de imagens.

Johannes Vermeer van Delft é um grande mestre da pintura do século XVII, o Século de Ouro holandês. O seu estilo é despojado; retrata o cotidiano com cenas comuns da vida. As personagens de suas telas são, na quase totalidade, mulheres em ambiente doméstico, de classe média, como a "Mulher segurando uma balança", "A Leiteira", "A Rendeira", "Mulher em azul lendo uma carta", "A Jovem com brinco de pérola"... São personagens imersas em silêncio, num fundo preto ou numa penumbra quase mágica e cores poéticas. Pinturas em que as cores são ao um só tempo potentes e sutis, com um pendor pelo azul-ultramarino frequentemente combinado com o amarelo. A impressão é como se ele pintasse numa *camera obscura,* como bem assinalou Gregor Weber, responsável pelas belas-artes no Rijksmuseum e comissário da exposição sobre Vermeer, e autor de uma nova biografia publicada por essa instituição. Essa *camera obscura,* a que o artista recorria para pintar os seus quadros, deixa passar a luz por um pequeno buraco, o que comunica à imagem um efeito de nitidez e de desfocado, dando-lhe profundidade.

Hegel, em sua obra *Estética,* observou, relativamente ao povo holandês, que "Não havia sido pensado por nenhum outro povo criar obras de arte lhes dando por conteúdo objetos de aparência tão banais e corriqueiras como as que figuram em seus quadros".

Havia a propensão pelo singelo gosto naturalista, e essa é a tendência mais importante em termos de qualidade e quantidade das obras produzidas durante o Século de Ouro na Holanda.

Em homenagem a Vermeer, foi organizada uma exposição de vinte e oito de suas obras no

Rijksmuseum, de Amsterdã, de 10 de fevereiro a 4 de junho de 2023. A maior retrospectiva já realizada sobre o artista. A pintura "A Jovem com brinco de pérola", pertencente ao acervo do Mauritshuis Museum, de Haia, foi emprestava para esse evento. A direção do Mauritshuis Museum propôs a quem quisesse participar, que submetesse um quadro a uma seleção para ser exposto temporariamente no lugar do original. Cinco foram selecionados para exibições sucessivas, um dos quais proposto por Julian van Dieken, que utilizou a IA de Midjourney e de Photoshop para gerar a imagem. A aceitação dessa obra suscitou as mais acaloradas críticas, focando na questão ética, já que a IA "gera imagens a partir de outras imagens, em detrimento dos direitos autorais", conforme alguns internautas. O porta-voz do museu reagiu, dizendo: "Nós simplesmente olhamos o que gostávamos. É criativo?" O autor, Julian van Dieken, defendeu-se pela sua conta no Instagram. Ele disse ter sido "transparente sobre o método: na publicação que me serviu para registro de candidatura, exponho por que eu penso que a IA pode mudar o processo criativo".

Abaixo, "A Jovem com brinco de pérola", a obra-prima de Vermeer, e a imagem gerada por IA. Sua expressão é de busca de contato visual com um olhar aliciante, arrebatando o expectador e prendendo a sua atenção. O jornal francês *Figaro* publicou um número especial intitulado "Vermeer, pintar o silêncio". No artigo assinado por Marie-Laure Castelnau, podemos ler:

"Ela nos dá as costas, porém ela retornou delicadamente a cabeça. O olhar lançado por cima do ombro nos prende e não nos solta mais. Sua sensualidade mesclada de inocência é perturbadora. A alvura de sua pele contrasta com a escuridão do segundo plano. Uma luz franca ilumina seu rosto e produz um jogo de sombras à direita. A sua gola branca se reflete na pérola cintilante pendente de sua orelha. Sua cabeça é coberta por um turbante azul ultramarino e amarelo limão.

Em que ela pensa ao nos olhar? Ela parece querer nos seduzir, porém ela parece um pouco triste. Que idade ela deve ter? 13, 25, 30 anos? Seus lábios carnudos e levemente úmidos estão entreabertos como para deixar escapar um suspiro. A menos que ela tenha um segredo a nos dizer."[26]

Vejamos, pois, o quadro de Vermeer e aquele produzido por IA:

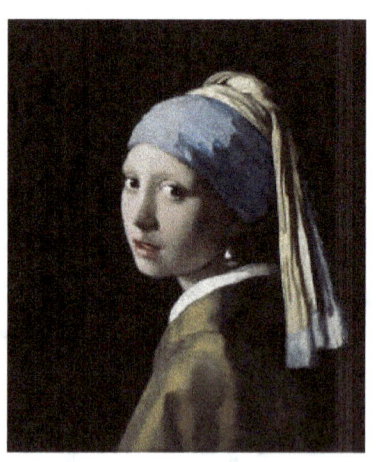

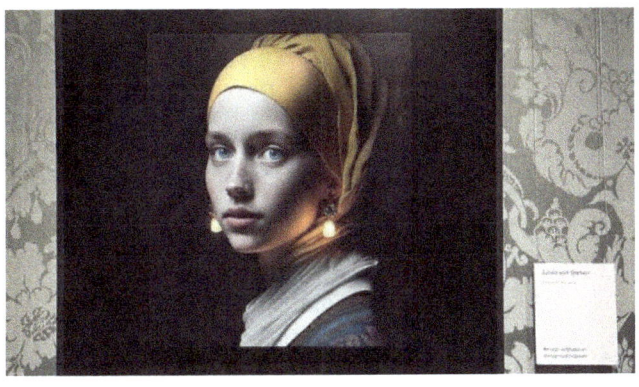

E quanto à escultura, como se daria a utilização da IA para tal criação? Na reportagem do portal *DASARTES*, de 29/05/2023, sob o título "Primeira Escultura Gerada por IA do Mundo Reúne Estilos de Cinco Célebres Artistas", podemos ler:

Há uma nova estátua em exibição no Museu de Ciência e Tecnologia de Estocolmo. De longe, parece pouco notável, um redemoinho de aço inoxidável em forma humana segurando um globo. Parece quase como um troféu de premiação de grandes dimensões. Somente após investigação, a singularidade do trabalho de um metro e meio se torna aparente: ele foi produzido por meio de uma fusão de Inteligência Artificial generativa e fabricação de precisão.

Chama-se *A Estátua Impossível*, um título que, dado o conceito subjacente e o laborioso processo de design, parece dificilmente hiperbólico. O trabalho ganhou vida por meio de uma colaboração entre a The AI Framework, uma consultoria, e a Sandvik , uma empresa de engenharia especializada em corte de metal, que impulsionou o projeto como um meio de exibir sua fabricação programada por computador.

Primeiro, treinaram modelos de IA no trabalho de cinco escultores, tecendo o contraposto de Michelangelo, a musculatura de Rodin, o naturalismo de Käthe Kollwitz, o movimento de Takamura Kotaro (grande seguidor de Rodin) e a ousadia das figuras de Augusta Savage. A equipe da Sandvik basicamente selecionou os atributos mais desejáveis de alguns dos escultores mais famosos dos últimos cinco séculos e, em seguida, gerou repetidamente imagens usando uma combinação de Stable Diffusion, DALL-E e Midjourney até ficarem satisfeitos.

O resultado é uma figura andrógina composta por tons mutáveis de aço que segura um globo, que contraria as leis da gravidade, e cuja metade inferior está emaranhada em uma folha de metal ondulada. As mãos invisíveis dos referidos escultores são evidentes? De alguma forma, sim. A musculatura é certamente ousada e o tecido parece uma reformulação contemporânea de uma fixação renascentista. Mas, novamente, os comentários sociais mais sombrios apresentados pelo trabalho de Kollwitz e Savage parecem ausentes em uma estátua repleta de promessas.

Depois de definir um design, a Sandvik converteu a imagem 2D em um modelo 3D usando software de estimativa de profundidade e estimativa de pose humana, uma tarefa de computador que identifica diferentes partes do corpo humano em uma cena. A empresa então testou minuciosamente o processo de fabricação em uma série de simulações digitais, reduzindo pela metade a quantidade de aço usada no processo. A estátua produzida foi composta por nove milhões de polígonos, 17 peças de aço separadas e diferia do desenho digital em menos de 0,03 mm.

"A Estátua Impossível é um ótimo exemplo

do que a combinação de tecnologia moderna e brilho humano pode criar", disse Peter Skogh, diretor do Museu de Ciência e Tecnologia , em um comunicado. "Nossa missão é criar uma compreensão mais ampla das possibilidades da tecnologia e estimular a próxima geração. Este projeto está preenchendo todos os requisitos para nós."[27]

A seguir, as imagens da escultura produzida:

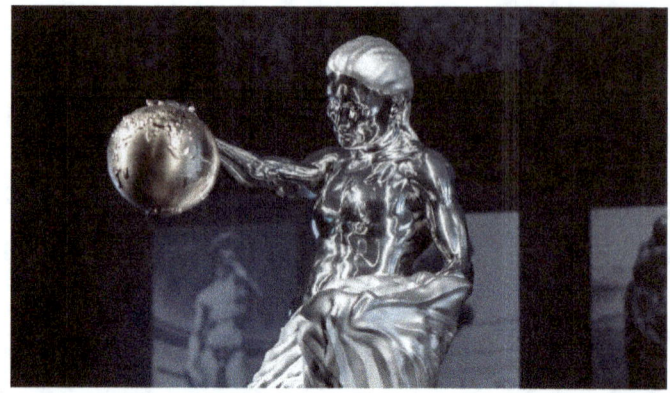

Crédito: *DASARTES*.

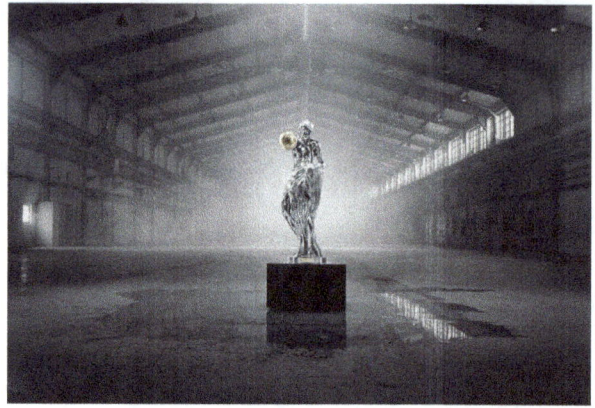

Crédito: *DASARTES*.

No que concerne ao instituto do *fair use*, utilizado nos Estados Unidos da América, embora não diga diretamente respeito à questão digital, refere-se aos direitos autorais de maneira geral, com prováveis repercussões na esfera digital, mais precisamente na IA generativa e ao "uso razoável, justo e aceitável" de uma obra preexistente. A alta corte de Justiça dos Estados Unidos julgou uma ação da Warhol Foundation, que buscava uma decisão declaratória de não infringência de *copyright* a seu favor, *versus* a fotógrafa Lynn Goldsmith. Goldsmith ingressou com uma reconvenção. Os fatos: Ela fotografou, em seu estúdio, o cantor Prince, no ano de 1981. Transcorridos três anos, o magazine *Vanity Fair* pede à estrela da Pop Art, Andy Warhol, uma obra de arte para a capa. Warhol lança mão de uma foto de Prince tirada por Goldsmith para a sua arte. Ambos recebem o crédito. Warhol utiliza depois essa foto de Prince para elaborar treze serigrafias e dois desenhos a lápis. Com o trespasse de Prince, em 2016, *Vanity Fair* consagra um número ao falecido cantor e publica um retrato da série "Prince", da estrela da Pop Art, e paga os direitos autorais à Warhol Foundation, que detém os direitos da obra desse autor, a partir de sua morte, em 1987. Dessa vez, a fotógrafa não recebe sequer os créditos. No contato feito por Goldsmith com a Warhol Foundation, ela reclamou os direitos autorais para essa publicação e para o conjunto da série produzida pelo artista, usando a foto, cujo direito a ela pertence. A jornalista Stéphanie Bascou indica que os juízes devem responder à seguinte questão: "a partir de que momento uma obra dita 'transformativa' – que se baseia em outras obras, como as de Warhol – pode se prevalecer do *fair use*, ou uso razoável?" Em 18 de maio de 2023, a Suprema Corte dos USA deu ganho de causa, por 7 votos a 2, para a fotógrafa Lynn Goldsmith. Em seu Relatório, a juíza Sonia Sotomayor, da Suprema Corte, anotou: "As obras originais de Lynn Goldsmith, como aquelas de todos os fotógrafos, se beneficiam da proteção de seus direitos autorais, mesmo contra artistas célebres".

Abaixo, a fotografia original de Goldsmith e a obra "transformativa" de Warhol (crédito:@prince/

BFMTV):

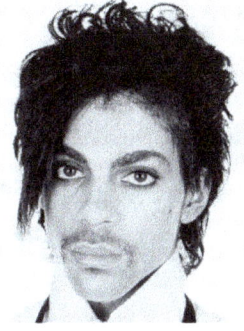 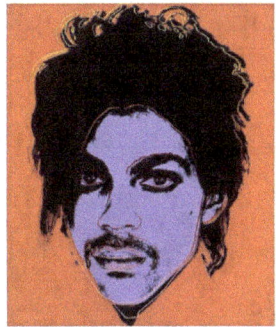

Ainda, no campo das inovações, o *Centre Pompidou* anunciou recentemente a aquisição de dezoito obras NFTs de artistas franceses e estrangeiros; algumas foram doações, outras foram compradas – obras de jovens artistas familiarizados com a arte digital e de artistas plásticos que utilizam essa tecnologia. Essa coleção está exposta em duas salas do *Centre Pompidou* até janeiro de 2024, e se chama "NFT: Poétiques de l'immatériel – du certificat à la blockchain". Entre as NFTs expostas, encontra-se um **criptopunk**, que é uma figura minimalista de 24 x 24 pixels, gerada por um algoritmo. Os criptopunks são emblemas do universo da **cripto-arte**, e compõem as coleções de NFTs mais populares. Integra, igualmente, essa exposição a representação imaginária de um bitcoin, denominada de "Bitchcoin", de 2015, da artista Sarah Meyohas, e que constitui um dos primeiros NFTs.

Por outro lado, há também as tentativas de "*copyrights* abusivos": alguns museus reivindicam *copyright* sobre reprodução digital de obras de arte que lhes pertencem. Douglas McCarthy, especialista em *open access* na cultura, constatou que, dos 28 quadros da exposição Vermeer, os museus proprietários das obras reclamam *copyright* para 8, e licenças *Creative Commons* não comerciais para 6. "Douglas McCarthy – escreve a reportagem do *ZDnet* – sublinha em sua análise que, na totalidade dos países onde se encontram os museus que emprestaram as obras para a exposição, a proteção pelo *copyright* (ou direitos autorais) é de 70 anos após a morte do autor. Johannes Vermeer faleceu em 1675, há mais de 347 anos!" E conclui: "É o que os juristas chamam de copyfraude…"[28]

O MERCADO DA
OBRA DE ARTE
DIGITAL

O imperativo da reprodução da obra de arte deu-se em razão do mercado para esse tipo de "produto", do aumento da massa de consumidores em potencial e do poder aquisitivo dos mesmos. A esse propósito, Hauser escreve:

"Na Grécia, a cidade-Estado foi sempre o único mecenas em grande escala para obras de arte; como tal, quase não tinha de enfrentar competidores, uma vez que, com os relativamente elevados custos de produção de obras de arte, não havia qualquer particular que pudesse manter ou sequer iniciar uma competição com o Estado. Entre os artistas, por outro lado, havia acirrada concorrência, a qual não era de maneira nenhuma compensada pela concorrência entre as diferentes cidades. Estava fora de questão qualquer produção para o mercado livre que pudesse dar ao artista uma posição estável, quer dentro de uma sociedade ou entre as cidades como um todo. A mudança na posição do artista, tão notória na época de Alexandre, o Grande, está diretamente ligada à propaganda realizada em favor desse conquistador. O culto da personalidade que se desenvolveu a partir do novo culto do herói redundou em benefício do artista como outorgante e como recebedor de fama. Com a demanda de arte pelos sucessores de Alexandre e as fortunas que estavam agora acumulando-se nas mãos de particulares, ocorreu um enorme incremento no consumo de obras de arte, o que resultou na elevação do seu valor econômico e do apreço do público pelo artista. Finalmente, a educação filosófica e literária alcançou cada vez mais os círculos dos artífices-artistas; estes começaram a separar-se dos artesãos comuns e a formar um grupo distinto daquele dos mercadores."[29]

Mais adiante, Hauser acrescenta:

"Ainda assim, a belicosa população camponesa de Roma nos séculos III e II a.C., apesar de sua intimidade com o trabalho manual, não manifestava grande inclinação para a arte ou para a apreciação do artista. Só com a mudança para a economia monetária e a cultura urbana, e com a helenização de Roma, é que ocorreu uma elevação do *status* do poeta, primeiro, e depois, gradualmente, também do pintor e do escultor. E essa mudança só se torna visível na era de Augusto, com sua concepção do poeta como vate e seu mecenato da arte em escala grandiosa, tanto pela corte quanto por particulares. Mesmo então, a apreciação social das artes plásticas e gráficas, em comparação com a poesia, é relativamente baixa."[30]

Já na Renascença, o aumento da demanda por obra de arte provocou a mudança do *status* do artesão para o de trabalhador intelectual livre, que passou a constituir, assim, um grupo socialmente consolidado e com segurança econômica. Isso se deu, sobretudo, em decorrência do crescimento das cidades, que se tornaram mais ricas, com maior circulação de dinheiro, o que ensejou um maior equilíbrio entre oferta e procura por obras de arte.

É ainda Hauser quem escreve em sua obra monumental, referindo-se, agora, à época moderna:

"... a função da arte como retrato fiel

da vida e da natureza jamais fora questionada, em princípio, desde a Idade Média. A esse respeito, o impressionismo foi o clímax e o término de um desenvolvimento que tinha durado mais de 400 anos. A arte pós- impressionista é a primeira a renunciar a toda ilusão de realidade por princípio e a expressar sua visão geral da vida através da deformação deliberada de objetos naturais. O cubismo, o construtivismo, o futurismo, o expressionismo, o dadaísmo e o surrealismo afastam-se com igual determinação do impressionismo, vinculado à natureza e ratificador da realidade.

[...]

"A arte pós-impressionista não pode ser considerada, em qualquer sentido, uma reprodução da natureza; sua relação com a natureza é de violação. Podemos falar, no máximo, de uma espécie de naturalismo mágico, da produção de objetos que existem a par da realidade, mas não desejam tomar o lugar desta. Diante das obras de Braque. Chagall, Rouault.

Picasso, Henri Rousseau, Salvador Dalí, sentimos sempre que, apesar de todas as diferenças, estamos no segundo mundo, num supermundo que, por muitas características de realidade ordinária que possa ainda exibir, representa uma forma de existência que ultrapassa e é incompatível com essa realidade."

E Hauser conclui:

"A arte moderna é, porém, antiimpressionista ainda num outro aspecto: é fundamentalmente uma arte 'feia', renunciando à eufonia, às formas, tons e cores fascinantes do impressionismo. Destrói os valores pictóricos na pintura, as imagens cuidadosa e sistematicamente executadas na poesia, a melodia e a tonalidade na música. Subentende uma fuga ansiosa a tudo o que é deleitoso e agradável, a tudo o que é puramente decorativo e cativante. Debussy já opõe a frieza do tom e uma estrutura harmônica pura à sentimentalidade do romantismo alemão, e esse anti-romantismo é intensificado em Stravinski, Schoenberg e Hindemith, convertendo-o num anti-*expressivo* que repudia toda conexão com a música do sensível século XIX. A intenção é escrever, pintar e compor com base no intelecto, não nas emoções; enfatiza- se, por vezes, a pureza da estrutura, outras vezes o êxtase de uma visão metafísica, mas há um desejo de escapar a todo o custo do complacente esteticismo sensual da época impressionista. O próprio impressionismo já tinha, sem dúvida, perfeita consciência da situação crítica em que se encontra a moderna cultura estética, mas a arte pós-impressionista é a primeira a sublinhar o que essa cultura tem de grotesco e de falso. Daí a luta contra todos os sentimentos voluptuosos e hedonistas, daí a melancolia, a depressão e o tormento nas obras de Picasso, Kafka e Joyce. A aversão ao sensualismo da arte mais antiga, o desejo de destruir-lhe as ilusões, chega ao ponto de os artistas se recusarem agora a usar os mesmos meios de expressão e preferirem, como Rimbaud, criar uma linguagem artificial própria. Schoenberg inventa o sistema dodecafônico, e diz-se corretamente de Picasso que pinta cada uma de suas telas como se estivesse sempre tentando descobrir a arte de pintar."[31]

No momento atual, a condição da arte e do artista, do mercado da arte, conta com um elemento novo e de grande potencial de interveniência: a tecnologia.

A evolução da Rede Mundial de Computadores começou com a **Web 1.0**, que oferecia acesso à **informação**; em seguida, evoluiu para a **Web 2.0**, que trouxe a **interação** mediante o uso das redes sociais, e, no momento atual, estamos na **Web 3.0** (internet de última geração), com o **metaverso**, que representa a mais importante revolução digital dos últimos dez anos (ou seria a inteligência artificial?). O metaverso constitui uma economia que surge baseada nas trocas em criptomoedas; trata-se, em certo sentido, de uma nova economia. O metaverso, como universo, é um **mundo paralelo em 3D**, imersivo e interativo, em que os usuários podem assumir um personagem virtual, um **avatar,** e viver experiências variadas.

Os videogames 3D envolvem esse mesmo conceito, mas ele se estende aos novos tipos de metaverso construídos sobre a **blockchain,**[32] tecnologia que funciona como um registro público, uma base de dados análoga a um grande livro contábil de grande dimensão. É a *blockchain* que garante a estabilidade e a transparência da economia nesse universo e que assegura a descentralização, tornando-o um ecossistema aberto e independente no qual todos podem participar gratuitamente, nele construir objetos, gastar e ganhar dinheiro. A sua arquitetura de rede é altamente segura, impedindo que alguém possa mudar seu conteúdo. As transações financeira aí realizadas são sempre em criptomoedas e os intermediários são reduzidos ou simplesmente suprimidos.

Meta define o metaverso como "um conjunto de espaços virtuais onde você pode criar e explorar com outras pessoas que não se encontram no mesmo espaço físico que você. Você pode passar um tempo com amigos, trabalhar, jogar, aprender, fazer compras em shopping, criar e muito mais." Nesse universo virtual – o metaverso, pode-se não somente comercializar obras de arte, mas também comprar ou vender terrenos imobiliários virtuais, construções em 3D, vestuário e acessórios para o seu **avatar**, e assim por diante. Esses produtos virtuais levam a designação de **Non-Fungible Token** (NFT na sigla em inglês) – Tokens não fungíveis (ou infungíveis, pois são únicos e insubstituíveis), que englobam certificados de autenticidade e títulos de propriedade escriturados na **blockchain**. Constituem, portanto, o conjunto de bens que se pode adquirir ou alienar no metaverso. É essencial, na economia do metaverso, a autenticação da propriedade digital. A segurança de um NFT advém de uma chave criptográfica. O NFT não pode ser copiado e nem suprimido. Assinale-se, igualmente, que tais títulos podem ser utilizados em diferentes aplicativos e metaversos. Não obstante, essa **interoperabilidade** ainda não existe entre a maioria dos diferentes universos digitais. Do ponto de vista técnico, essa interoperabilidade só é possível entre os metaverso que são abertos e descentralizados e baseados numa mesma *blockchain*, fazendo com que os NFTs não se limitem a apenas poucas plataformas ou a um videogame em particular. É a consistência e confiabilidade da *blockchain* e a conexão entre elas que irão abrir a possibilidade de transferência de NFTs de um metaverso para outro.

Os NFTs, embora sejam ativos digitais pessoais únicos, indivisíveis, e que, após sua criação, não possam ser modificados, no entanto, podem ser salvos, armazenados, reproduzidos e utilizados por outras pessoas. O autor pode eventualmente vender uma obra ou toda uma coleção, mas a negociação em maior volume de NFTs tem sido realizada, a título de revenda, por terceiros. Para adquirir um desses ativos, é necessário possuir uma carteira em criptomoeda, sendo que a mais utilizada para esse tipo de transação é o Ethereum – ETH, abrir uma conta numa plataforma voltada para esse tipo de comercialização e participar de um leilão. Alguns metaversos são acessíveis sem que se possua uma carteira em criptomoeda, sendo suficiente criar uma conta.

Trata-se de um mercado pujante, a tal ponto que as cinco mil obras de autoria do artista Beeple foram comercializadas por 69 milhões de dólares. Além de investimento, uma das motivações para ingressar nesse mercado digital é a antiga prática de colecionismo, que se adapta a essa nova forma de objetos virtuais.

A rigor, o conceito de metaverso não é novo. Encontramos esse vocábulo no livro *Snow Crash,* de Neal Stephenson, publicado em 1992, onde o metaverso constitui um destino para a fuga do mundo real, em busca de "uma segunda vida". Mas, o livro de ficção que mehor conceitualiza o senso comum do metaverso é *Ready Player One,* escrito por Ernest Cline, depois adaptado para o cinema por Zac Penn e pelo próprio Cline e produzido e dirigido por Steven Spielberg, e lançado em 2018. Todavia, esse metaverso surge em 2003, com o vídeogame *Second Life:* seus usuários tanto podiam conceber o conteúdo do jogo, quanto incarnar os personagens virtuais. A tecnologia, no entanto, ainda não estava pronta no início dos anos 2000 para que *Second Life* pudesse se democratizar e perdurar juntos aos usuários. Apesar disso, *Second Life,* se não detem o pionerismo do metaverso, era o mais popular dos videogames, além de vir a desempenhar um papel importante no desenvolvimento do **Bitcoin**. A criptomoeda de *Second Life* era o **Linen Dollar** (L $), cambiável em moeda fiduciária (*Fiat Currency*) e que atendia igualmente os portadores de Bitcoin antes da existência das plataformas de câmbio. Só em 2011 que as criptomoedas passaram a ser trocadas por dólares. Porém, foi em 2021, com o desenvolvimento de novas tecnologias de realidade aumentada (RA) e realidade virtual (RV) e também com o desenvolvimento da *blockchain*, das criptomoedas e notadamente dos NFTs, que os metaversos conheceram um crescimento acelerado. Após vinte anos, *Second Life,* conforme anúncio de seu *forum oficial,* em 10 de março do corrente ano, deve chegar aos smartphones.

A economia digital está tendo um grande impulso com a oferta de novas experiências aos usuários, com a tecnologia de realidade aumentada, realidade virtual e vídeo volumétrico que estão sendo desenvolvidos e difundidos muito rapidamente, propiciando uma experiência cada vez mais imersiva. Podemos ler em *Cryptoast:* "Os usuários podem visitar lojas, museus, ou ainda assistir a concertos. Eles podem interagir entre eles, mas também com os produtos. Eles podem, igualmente, aí trabalhar, participar de reuniões ou de salões profissionais, estudar... Há até uma universidade em vias de desenvolvimento no Decentraland. É preciso imaginar o metaverso como um mundo paralelo. Os artistas podem aparecer em cenas virtuais com um avatar ou, na realidade, com um holograma. [...] Os metaversos vão se tornar verdadeiros lugares de convivência, de comunicação e de consumo. Eles trazem aos anunciantes imensas oportunidades de comunicação e de marketing. Eles permitem também aos usuários ganhar dinheiro."[33]

Os metaversos mais conhecidos são **Decentraland**, **The Sandbox**, **Cryptovoxels**, **SomnuimPlace** e **Meta**. Outros ainda estão em desenvolvimento, como o da **Microsoft**, **Apple**, **Epic Games**, **Roblox**, **Alibaba**, **TikTok**, **Reddit**, **VR chat**. Todos originários de empresas de videogames, de plataformas de redes sociais e do e-commerce.

Outro aspecto a assinalar são os tipos de governança e de descentralização dos metaversos. Há os que pertencem integralmente a seus usuários, com gestão descentralizada, cujas decisões são tomadas mediante o voto; é o que se chama de *Decentralized Autonomous Organization – DAO.* Há os que, embora pertençam a uma empresa privada, adotam o DAO como forma de gestão, e há, finalmente, os que pertencem a uma empresa privada e por ela é administrada, a exemplo do Meta.

Na economia do metaverso, deve-se acompanhar os indicadores, tais como: o valor das criptomoedas, o preço de venda dos terrenos e de outros elementos, o número de usuários e o número de marcas presentes.

Em *Panorama Crypto,* do 10/03/2021, podemos ler:

Mercado de obras de arte ou belas artes na mira

"Os possíveis usos do NFT são amplos. Mas o que vem chamando a atenção no momento é o mercado de coleção de obras de arte ou belas artes digitais, que pode ser uma gravura, um vídeo ou uma música. Recentemente, um vídeo da cantora Grimes foi vendido por US$ 390 mil na forma de um NFT.

"Mas se o vídeo está disponível e está na internet, por que pagar por ele? Porque os NFTs dão a seus detentores propriedade sobre o item original. Ou seja, qualquer pessoa pode ter obras de arte de Leonardo Da Vinci, mas somente uma vai deter a original – e poderá vendê-la por milhares de dólares a mais no futuro.

"Portanto, um artista que vender uma obra de arte digital pode receber um percentual toda vez que o NFT mudar de mãos. Do lado do colecionador[34] de obras de arte, NFTs podem funcionar como qualquer ativo especulativo: o comprador espera ter um lucro futuro em uma eventual venda.

Onde comprar NFTs de obras de arte?

"Existem vários mercados que surgiram em torno dos NFTs, que permitem que as pessoas comprem e vendam. Isso inclui OpenSea, Rarible e a escolha da Grimes, Nifty Gateway.

[...]

"Abugov cita a falta de liquidez de obras de arte e de itens colecionáveis como um dos possíveis entraves. Para ele, essa falta de liquidez pode ser um desafio quando o hype do NFT esfriar.

O que é arte?

"A designação do termo arte vem do latim *Ars*, que significa habilidade. É toda e qualquer atividade que manifesta a estética visual, desenvolvida por artistas que se baseiam em suas próprias emoções. Na arte, o artista expressa seu pensamentos e sentimentos, lançando mão de correntes de estilo e estéticas diversas.

"A arte também se manifesta por meio da tecnologia, por exemplo, no *streaming* de música, fotografia, dança, cinema, televisão e mais recentemente a internet e todos os meios digitais. Os NFTs se inserem justamente nesse contexto de arte na era digital.

É o fim da era da reprodutibilidade técnica?

"Walter Benjamim, em seu ensaio *A obra de arte na era da sua reprodutibilidade técnica* fez uma reflexão sobre como a reprodutibilidade técnica causou a perda da "unicidade", "singularidade" e "autenticidade" das obras de arte. E que isso abriu as portas para o valor de exposição, onde o fundamental é distribuir cópias e faturar em cima da distribuição da arte. Seriam os NFTs o remédio ao fim dessa era?"

No âmbito da economia do metaverso, é utilizada a criptomoeda como moeda corrente; são moedas privadas, como o Bitcoin e outras tantas. Paul Krugman, laureado do prêmio Nobel de 2008, prevê risco para esses meios de troca. Ele se refere ao "inverno criptográfico" que se avizinha, tal como o *Fimbulwinter*, o inverno sem fim, da mitologia nórdica. Em artigo publicado no *New York Times,* em 1º de dezembro de 2022, ele sublinha que "um ano atrás, Bitcoin e outras criptomoedas eram vendidas a preços recordes, com um valor de mercado combinado de cerca de 3 trilhões de dólares". E continua: "Desde então, os preços dos ativos criptográficos despencaram, enquanto um número crescente de instituições criptográficas entrou em colapso em meio a alegação de escândalo. A implosão de FTX, que parece ter usado o dinheiro dos depositantes na tentativa de sustentar uma empresa de trading relacionada, foi a que mais ganhou as manchetes, mas é apenas uma entrada em uma lista crescente." Na economia do metaverso, a *blockchain* representa um papel fundamental. Krugman explica tal tecnologia pela óptica econômica e faz uma indagação com um toque de ressalva: "Uma *blockchain* é um livro digital associado a um ativo, registrando o histórico de transações nesse ativo – quem o comprou, de quem, e assim por diante. O ativo pode ser um token digital como um Bitcoin, mas também pode ser um estoque ou até mesmo algo físico, como um contêiner de remessa. Livros de contabilidade, é óbvio, não são novidades. O que distingue as *blockchains* é que os livros contáveis devem ser descentralizados: eles não estão nos computadores de um único banco ou outra empresa; eles são de domínio público, sustentados por protocolos que induzem muitas pessoas a manter registros em muitos servidores." E agora, Krugman explicita a sua questão: "Por que se dar ao trabalho e às despesas de manter um livro-razão em muitos lugares e, basicamente, carregar esse livro-razão toda vez que uma transação ocorre?" Para Krugman, esse empreendimento, embora não tenha resistido ao escrutínio, se tornou um negócio muito importante, em virtude da desconfiança nos bancos e a crença na alta tecnologia, e também com a disparada dos preços desses ativos e o temor de ficar de fora, perdendo, assim, a possibilidade de lucro. E acrescenta: "Tenho tentado estimar o valor dos recursos consumidos na produção de tokens fundamentalmente sem valor, e provavelmente está na casa das dezenas de bilhões de dólares, sem contar os danos ambientais." Na edição de 6 de junho de 2022 do *New York Times*, Krugman comparou as criptomoedas à bolha imobiliária e à crise dos subprimes[35], para concluir: "... é uma casa construída não sobre areia, mas sobre nada."

O QUE É UMA OBRA DE ARTE VIRTUAL?

O QUE NOS DIZ A FILOSOFIA?

A rádio France Culture divulgou em 12 de janeiro deste ano a série intitulada *Peut-on vivre dans un monde virtuel?* – Pode-se viver em um mundo virtual? – em que o quarto e último episódio foi dedicado a "O que é uma obra de arte virtual?" Os três participante foram convidados a darem uma resposta a questões como: "Qualquer um pode ser artista na era do mundo digital?" "Qual pode ser o valor das obras de arte imaterial?" "O que nos diz a filosofia dessas realidades que não têm materialidade sensível, como o real ordinário, mas que têm, no entanto, efeitos tangíveis?" Os convidados foram Albertine Meunier, artista; Bruno Tackels, ensaísta e dramaturgo, e Pierre-Antoine Chardel, professor de ciências sociais e ética. A discussão foi muito rica, indo de aspectos econômicos envolvendo a obra de arte digital até um enfoque filosófico tendo como ponto de partida o célebre ensaio de Walter Benjamin sobre a arte na era de sua reprodutibilidade técnica. Partindo da constatação de que não se é possuidor do token propriamente dito, mas sim do título de sua propriedade, que, relativamente a esse token, é único. Mencionaram o fato da venda, por parte do artista Beeple, de sua obra digital *Everyday: the first 5000 days,* pelo valor astronômico de 69,3 milhões de dólares, no dia 11 de março de 2021, pela firma de leilões Christie's. E como se dá a formação do preço da obra de arte digital? Por que essa obra custou tão caro? Bruno Tackels responde: "Vale tanto porque há um colecionador que decidiu que ela valia, de fato, tal preço. [...] Todo mundo sabe que não é propriamente a grande obra de arte, mas em cima disso há uma mobilização que é independente do aspecto artístico. [...] É para mostrar justamente o poder daqueles que possuem criptomoedas. [...] Eis um novo mercado. [...] Permite às obras digitais, que não eram, até há pouco tempo, vendáveis, pois não havia mercado. [...] É um meio de poder encontrar colecionador e de poder ter um modelo econômico em torno de sua prática. [...] Nos tornamos proprietários do título de propriedade e não do arquivo propriamente dito, que continua a circular e quanto mais ele é mostrado, mais importante ele se torna."

Pierre-Antoine Chardel, partindo da contribuição teórica de Walter Benjamin, faz as seguintes reflexões: "O que o digital está fazendo à arte? Ele está em vias de mudar nossa relação com a arte? Ele está em vias de fabricar novas formas de arte? O que ele está em vias de fabricar? Uma nova difusão da arte, porque há essencialmente também essa questão, já que vocês falavam da série infinita. Isso quer dizer que a obra se torna infinitamente acessível, ou seja, sem que haja nenhum limite a seu acesso. E isso me parece totalmente novo, e me vem à mente essa noção do imersivo, isto é, cada vez mais. Não estamos mais, de modo algum, numa relação de contemplação de uma obra que se encontra diante de nós, mas somos completamente colocado dentro, precisamente, de um *medium.* [...] Eu creio que há produção de obras, mas a questão é de saber se essas obras fazem parte do campo da arte; por exemplo: qual é o estatuto jurídico da produção dessas imagens? [...] Parece-me importante situar precisamente as artes digitais no contexto da sociedade tecnológica com seus vieses e seus meandros. [...] Uma obra de arte é a produção de um original, esse original é único; ele possui uma aura com a reprodutibilidade desse original, ao reproduzi-lo, no começo, manualmente. Em seguida, mecanicamente, têm-se uma série de obras, de cópias, que se definem por suas perdas pelo seu uso. Não é mais o original. Se eu tenho uma fotografia da Torre Eiffel, não é a Torre Eiffel. A partir do momento em que se mecaniza o mundo, e eu acrescento, em que se digitaliza, tem-se esse fenômeno completamente espantoso, que ele começa com o cinema e é isso que Benjamin assinalou: é que há a dissolução do original.[...] Ele diz que em toda obra existe a aura e o desaparecimento da aura, isto é, não ocorre conosco, que somos modernos, o desaparecimento da aura; isso é algo que está lá na origem e, por conseguinte, com o cinema, que é um dos emblemas da modernidade, estamos diante de uma obra que não tem original. [...] Os colecionadores começam a se interessar por essas obras digitais, logo sem aura, é para lhes recuperar uma. [...] Se olharmos a maneira em que algumas práticas da arte digital incorporam a diversidade, a heterogeneidade de conhecimentos e de competências, quando se fala de arte digital, encontramos muita combinação coletiva, competência ao mesmo tempo de engenheiros de arte, lista de designers, e dessa heterogeneidade, que me parece muito importante para reconquistar o sentido, o sentido de vários e talvez também do perímetro do autor, que é um perímetro muito circunscrito e que foi também posto em questão. [...] Você pensa que haverá uma reapropriação individual e coletiva de todos esses fenômenos? Eu penso e a observo... Isso implica que os indivíduos, os cidadãos, os espectadores possam se apropriar das tecnologias, logo isso implica competências técnicas, que são uma condição, de fato, para desenvolver uma estética da recepção da era digital. Todo leitor pode se tornar produtor de conteúdo."

CONCLUSÃO

P aris Hilton, *socialite* e empresária, em 2020, vendeu um desenho digital de seu gato por 40 Ethereum (1 Ethereum = 8.468,84 reais). O videogame Cryptokitties colocou a venda um número limitado de gatinhos virtuais, com título de autenticidade e propriedade assegurada pelo registro do NFT. Um vídeo da cantora Grimes foi vendido, em forma de um NFT, por 390 mil dólares. O mercado de videogames movimentou cerca de 180 bilhões de dólares, em 2021. Há projeções que estimam que o mercado anual do metaverso em 2024 se elevaria a 800 bilhões de dólares. A estimativa do banco americano Morgan Stanley vai muito além desse valor. Os clientes desse mercado vêm, uma parte, dos usuários de videogames, um mercado de pessoas mais jovens, mais acostumadas a consumir produtos digitais do tipo *wearable*, e há os que vêm das redes sociais, cujo número atinge, só no Facebook (Meta), a cifra astronômica de 3 bilhões mensais.

É importante refletir sobre a análise proposta por Paul Krugman, em artigo do New York Times, de 1º de dezembro de 2022:

> "O romance da alta tecnologia também desempenhou um papel, com a própria incompreensão do discurso criptográfico atuando, por um tempo, como um ponto de venda. E então, quando os preços dispararam, o medo de ficar de fora - mais grandes gastos em marketing e compra de influência política - trouxe muitos outros para a bolha.
>
> "É uma história incrível, e também uma

tragédia. Não são apenas os pequenos investidores que perderam muito, senão todas as suas economias. A bolha criptográfica teve enormes custos para a sociedade como um todo. A mineração de Bitcoin sozinha usa tanta energia quanto muitos países; tenho tentado estimar o valor dos recursos consumidos na produção de tokens fundamentalmente sem valor, e provavelmente está na casa das dezenas de bilhões de dólares, sem contar os danos ambientais.

"Adicione os custos associados a outros tokens e os recursos consumidos em esforços abortados para aplicar uma abordagem *blockchain* a tudo, e provavelmente estamos falando de desperdício em uma escala épica".

Vimos que o estatuto estético das obras de arte digital é estabelecido pelo mercado, pela lei da oferta e da procura, pelo marketing explícito ou dissimulado *(merchandising)*; mas não só: há igualmente o prestígio social do autor, o valor pedido por este pelo NFT e quem se disponha a pagar como colecionador ou simplesmente por aqueles que visam apenas ao lucro. Há dúvidas se vale a pena utilizar criptomoedas como investimento, como já amplamente analisado por um dos maiores especialistas nessa matéria, Paul Krugman. Há que se buscar também alternativa como meio de troca para as transações de NFTs no metaverso. Os avanços tecnológicos são imensos; deve-se fazer acompanhar de análises percucientes sobre os aspectos econômicos, éticos e estéticos desses fatos que estão a ocorrer em torno da realidade virtual e de produtos digitais. Isso interessa tanto aos autores como aos novos consumidores de uma realidade que ainda se encontra em plena efervescência, com seus impactos e choques, alumbramentos e perplexidades.

A obra de arte digital já nasce sem aura devido à possibilidade de ter *infinitas* posses (não a propriedade, que é só uma!) simultâneas e pela *infinita* possibilidade de exposição igualmente simultânea. Podendo ser copiada a bel-prazer e comercializada no mundo real enquanto "cópia", ela perde, assim, sua originalidade, conservando apenas a autenticidade da propriedade assegurada pelo registro do NFT numa *blockchain* no mundo virtual. Essa obra imaterial, assim concebida, não passa de uma grande ilusão, ou contrafação, dependendo do ponto de vista.

No ensaio intitulado *Da especificidade do literário,* publicado originalmente na revista **Comunicação e Sociedade**, discorro sobre a formação dos cânones relativamente à obra de arte literária, porém tal abordagem aplica-se a outras expressões artísticas, como desenho, pintura, música. Como são escolhidas as obras mais perenes, aquelas que gozarão de prestígio junto à posteridade?

"Os textos assim selecionados não o

são irrevogavelmente. Algumas escolas não são, com efeito, ratificadas pela posteridade, podendo, até mesmo, serem contestadas em sociedades cujo sistema social seja diferente. Por outro lado, os critérios de seleção mudam, as relações desses critérios com a ideologia dominante mudam igualmente, assim como seus modos de aplicação. Esquematizando um pouco, pode-se dizer que não existe uma literalidade abstrata, nem uma *beleza* acima da sociedade. O que existe é que um certo número de textos são, numa determinada época e numa dada cultura, selecionados e valorizados como "belos", ou pelo menos merecedores de um julgamento estético, mesmo sendo este negativo. Esse mecanismo explica-se sociologicamente: em todos os tempos, as classes hegemônicas tiveram, direta ou indiretamente, poder sobre a definição das normas estéticas prevalecentes, o que não significa que o texto literário não goze de autonomia, produzindo efeitos que escapam à jurisdição ideológica daquelas classes. Nesse sentido, os exemplos são numerosos."[36]

Mais do que as academias, principalmente de letras, das escolas de belas artes e dos conservatórios de música, os historiadores da arte, críticos literários e musicais, analistas culturais, membros ou não daquelas instituições acima mencionadas, terão sua palavra mais definitiva a dizer na formação dos cânones das expressões artísticas na era digital. E sobretudo o público, a quem cabe, em última instância, a palavra final.

As novas gerações – como se diz – acham que o baile começou quando elas entraram no salão. Sobre arte, os gregos antigos têm muito a dizer. Com efeito, em sua *Poética,* Aristóteles refere-se à imitação *(mimesis)* ou representação como o atributo essencial da obra de arte. Pierre Somville, comentanto a sabedoria grega, escreve:

"Dionísios, deus do êxtase, está na

origem do ditirambo e da tragédia, não esqueçamos. Quanto a Orfeu, cujo mito é tão frequentemente solicitado, é a incarnação mesma do lirismo, complementar da música orgiástica, própria ao culto a Dionísios. O cantor de Trácia faz, desde a época arcaica, figura de iniciado, já que ele pôde, pela pureza de seu canto, ultrapassar as portas da morte. Ele é dessa forma o avatar do tema apolíneo da criação continuada, pois seu canto, capaz de encantar todos os reinos dos vivos, desde os íngremes rochedos até os animais mais selvagens, assegura sozinho a coesão do cosmos e a harmonia universal. Pitágoras não está longe disso, ele, apolíneo, que mede e calcula os intervalos entre os tons da gama[37] e os aplica à medida, igualmente harmônica, da distância que separa e proporciona as órbitas desses planetas que dão ritmo ao mundo gravitando em torno de nós. O modelo matemático assegura, assim, a música das esferas, estabelecendo e justificando toda e qualquer forma de melodia, pelo ajuste dos intervalos sonoros, e de ritmo, por recorrência, período ou retorno. A poesia e a música são, em todas as épocas, difíceis de dissociar uma da outra. Elas são autorizadas pelas Musas, são simultaneamente psicagógicas[38] e mensuráveis em suas manifestações prosódicas ou harmônicas."

Após esse exórdio, Pierre Bomville sublinha, numa ampla análise da *Poética*, de Aristóteles, o que constitui o cerne de seu pensamento sobre as artes:

"Ele separa assim, com a preocupação de distinguir que o caracteriza, as artes plásticas, musicais e 'literárias' conforme os meios que elas utilizam para realizar o que ele chama de sua 'imitação'. Esse termo-chave de *mimesis* caracteriza, com efeito, toda instauração artística, toda representação figurativa, qualquer que seja o gênero. Não se trata, pois, simplesmente de imitação entendida como mímica duma realidade exterior e anterior, porém da essência mesma da atividade artística. E quando Aristóteles nos diz que 'a arte imita a natureza', ele dá a entender que o processo da arte *(technè)* é análogo àquele da natureza *(physis)*. Assim como a antiga entidade natural da *physis* não cessa de produzir seres em todos os gêneros e de os conduzir à vida, assim também a arte produz e cria, conduzindo à existência uma quantiade de *artefacta*[39] que nem por isso são menos lastreados por densidade ontológica do que as coisas que existem 'por natureza'. Pode-se mesmo considerá-los preferenciais pelo fato de sua 'fabricação' *(poièsis)* que os sobrecarrega de intelectualismo e, às vezes, os satura de conteúdo emocional."[40]

Há obras que têm valor inestimável, haja vista sua importância histórica e artística, como *La Joconda,* por exemplo. Quando as obras pertencem a colecionadores, é o mercado que determina o seu valor, conforme avaliações dos *experts* em arte. Quanto às obras de arte que estão em museus, quase nunca são avaliadas por leiloeiros ou *marchands*, já que tal avaliação é feita pela própria instituição onde se encontram, fixando o seu valor. Nesse caso, os *experts* são os próprios conservadores e as entidades que trabalham no museu, porque são eles os mais indicados por possuírem mais conhecimentos do valor de cada obra ali exposta permanentemente. A avaliação é importante para estabelecer o valor venal da obra, para aquelas que não estão fora do mercado, bem como para determinar o valor do seguro em caso de sinistro resultando em perda total ou dano, para as necessárias indenizações. A obra emprestada para uma instituição, no quadro de uma exposição temporária, é obrigatoriamente coberta por seguro. O museu que empresta e o que recebe acordam sobre o valor da obra, que consta na convenção de empréstimo, e esse valor combinado é inscrito na apólice do seguro. A seguradora pode também basear-se no preço de venda da obra, solicitando ao proprietário o recibo ou guia de adjudicação ou outras provas.

Aqui ficam algumas remissões à cultura grega, com foco na questão da arte – arte que é expressão da consciência social. A discussão sobre a natureza da arte em suas diferentes modalidades ou gêneros, seu estatuto estético e jurídico, o uso ou não de tecnologia, é e sempre foi importante para a compreensão dessa "indução emocional", que produz em nosso espírito a sensação de prazer, perplexidades, medos e encantamento.

---

[1] Cf. BENJAMIN, Walter. "L'oeuvre d'art à l'ère de sa reproductivité téchnique". *In:_. Le langage et la culture.* Paris: Denoël/Gonthier, 1974, p. 137, *passim.*

[2] "Conquête de l'ubiquité", *Pièces sur l'art.* Paris: Pléiade, I, 1934, p. 105. *Apud* BENJAMIN, Walter.

[3] Essa qualidade de obra única é definida pelo Direito como obra infungível, ou seja, "Característica dos bens que, por serem individualizados, não são suscetíveis de ser substituídos uns pelos outros". Cf. PRATA, Ana. *Dicionário Jurídico.* 3. Ed. Coimbra: Almedina, 1994, p. 323.

[4] "A poesia foi a primeira forma de literatura dos gregos, sendo frequentemente acompanhada de música e dotada de caráter cerimonial." Cf.MOSSÉ, Claude. *Dicionário da Civilização Grega.* Rio de Janeiro: Jorge Zahar Editor, 2004, p. 239.

[5] Cf. HAUSER, Arnold. *História Social da Arte e da Literatura.* São Paulo: Martins Fontes, 1998, p. 118-119.

[6] *Idem, Ibidem,* p. 596, *passim.*

[7] Cf. MATALON, Vincent. *FranceInfo.fr.* Acesso: 07/01/2023.

[8] Cf. LAUSSON, Julien. *Numerama,* 08/02/2023.

[9] Cf. *Le Huffpost avec AFP,* 07/02/2023.

[10] Cf. RUHER, Hugo. *GEO,* 08/02/2023.

[11] Cf. BOLINCHES, Marie. *RTS Culture.* Acessado em 16/02/2023.

[12] Cf. OURY, Antoine. *Les Univers du Livre. Actualitté.* Publicado em 13/02/2023. Acesso em 17/02/2023.

[13] SHELLEY, Mary. *Frankenstein.* São Paulo: Excelsior, 2021, p. 11-12.

[14] Cf. DUPONT-BESNARD, Marcus. *Numerama.* Publicado em 20/02/2021.

[15] Cf. DUPONT-BESNARD, Marcus. *Numerama.com.* Acesso em: 27/01/2023.

[16] Cf. DUPONT-BESNARD, Marcus. *Numerama.com.* Acesso em: 09/02/2023

[17] Cf. SIMOVIC, Yovan. Marianne. Acesso em: 01/04/2023.

[18] Cf. MATALON, Vincent. *FranceInfo.fr.* Acesso: 07/01/2023.

[19] Cf. RommB. *News JVTECH* – publicado em 30/01/2023

[20] Cf. DI LORENZO, Alessandro (editado por Bruno Capozzi). *Olhar Digital.* Publicado em 02/08/2023.

[21] "Bokeh (do japonês *boke*) é um termo usado na fotografia referente às áreas fora de foco e distorcidas, produzi das por lentes fotográficas. Diferentes bokehs de lentes produzem efeitos estéticos separados em fundos desfocados, os quais são frequentemente utilizados para reduzir distrações e enfatizar o assunto primário." Fonte: *Wikipedia.*

[22] *This week, we won a popular @digidirect photography competition by entering a drone shot of a pair of surfers at sunrise. It's a beautiful image, but it's not real. It's the world's first AI generated award-winning photograph. After learning that we'd won, we came clean to the company running the competition and returned the cash prize. So why did we do it? We did it to prove that we're at a turning point with artificially*

intelligent technology by passing the ultimate test. Could an AI generated image not only slip by unnoticed (not one person who has seen the image has sensed anything out of the ordinary) but actually be awarded the top prize by a photography expert? The answer is resoundingly yes. We will look back on this time as the time everything changed. The genie is out of the bottle and there's no going back as automation moves into our everyday lives. Recently we have seen ChatGPT pass law, business and medical exams but no one has been discussing the impact that AI will have on the creative industries. Back to our award-winning 'photograph...' We entered the photography competition using the name Jan van Eycke, the same name as the 15th century painter who is known for creating the most stolen artwork of all time. Or to be more accurate, was the most stolen artwork...until now. The surfers in our image never existed. Neither does that particular beach or stretch of ocean. It's made up of an infinite amount of pixels taken from infinite photographs that have been uploaded online over the years by anyone and everyone. Every AI artwork has the capacity to steal millions or even billions of elements from paintings, photos and videos to create something new and breathtaking. It's not an exaggeration to say that we've reached the point where machine is now the superior artist to man. History may look back on our little photography experiment as a turning point when we started to notice the new world we're living in. That's why we've titled our controversial award winner.

Feel free to reach out to us with questions.
@absolutely.ai

[23] LEHEC, Jean-Nicolas. *Phototrend,* 14/02/2023.

[24] MAINDRAULT, Thierry. *L' Oeil de la Photographie,* 18/04/2023

[25] Cf. DUPONT-BESNARD, Marcus. *Numerama.com.* Acesso em: 05/05/2023.

[26] CASTELNAU, Marie-Laure. "La Jeune Fille à la perle: qui est l'inconnue à la perle pintada por Vermeer? *In:_. Figaro Hors-série* "*Vermeer, peindre le silence.*

[27] Cf. Redação. *DASARTES.* Acesso em: 29/05/2023.

[28] Cf. NOISETTE, Thierry. *ZDnet*. Acesso em: 26/03/2023.

[29] Cf. HAUSER, Arnold. *Op. Cit.*, p. 117-118.

[30] *Idem, ibidem*, p. 119.

[31] *Idem, ibidem*, p. 960-962.

[32] Para Paul Krugman, prêmio Nobel de economia de 2008, em artigo publicado no *New York Times*, em 1º/12/2022, a *blockchain*, tecnologia que opera as criptomoedas, mostrou-se profundamente inútil, e que inúmeras instituições abandonaram a *blockchain* após tentarem, sem êxito, utilizá-la para resolver problemas da vida real. Ainda, em outro artigo, comparando os dois ativos, ouro e Bitcoin, Paul Krugman afirma que o curso do ouro continua muito mais sustentado e que ele evolui não longe de seus picos históricos, diferentemente do Bitcoin, ainda longe de seu recorde. Acrescenta ainda que os vários escândalos envolvendo essa criptomoeda (FTX, Terra-Luna, etc), em 2022, prejudica a escolha desta em benefício do ouro.

[33] Cf. NAROZNIAK, Blandine. *Cryptoast*. Acesso: 05/12/2022.

[34] Há dois tipos de colecionador de arte virtual: o amador, que gosta do artista, compra suas obras, não as revende e constitui sua coleção e o colecionador que compra e vende em curto intervalo, objetivando obter o maior lucro possível. Isso dito, podemos acrescentar que há os ingênuos e há também os espertos.

[35] Crise financeira iniciada em 24 de julho de 2007, com a queda do índice Dow Jones, provocada pela concessão de empréstimos hipotecários de alto risco, levando vários bancos à situação de insolvência, repercutindo nas bolsa de valores de todo o mundo.

[36] BRAGA, Pedro. "Da Especificidade do Literário". *In:_*. **Comunicação e Sociedade**. S. Paulo: Instituto Metodista de Ensino Superior/Cortez Editora, 1 (4), out. 1980.

[37] Sequência ascendente ou descendente de notas, compreendidas numa oitava musical, seguindo determinados intervalos.

[38] Do grego antigo, significando 1. Que tem relação à psicagógica, às cerimônias mágicas pelas quais eram evocadas as sombras, que tinham por finalidade de apaziguar as almas

dos mortos. *Wiktionnaire.*

[39] Do latim, *Artefacta* é o plural de *artefactus*, que significa "feito com arte".

[40] Cf. BOMVILLE, Pierre. "Poétique". *In:_. Le savoir grec.* Paris: Flammarion, 2011, p. 496-497.

ABOUT THE AUTHOR

Pedro Bernardo De Holanda Braga Dos Santos

Pedro Braga é escritor, advogado e jornalista. Estudou na École de Hautes Études en Sciences Sociales (Paris I - Sorbonne) e na Université d'Économie, Droit et 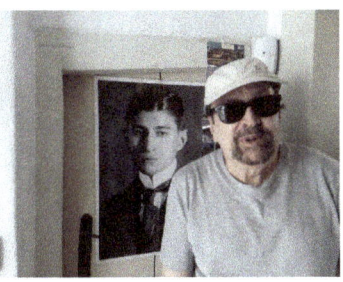 Sciences Sociales (Paris II - Assas). Autor de várias obras, compreendendo romances, ensaios, livros infantis e jurídicos.

www.ingramcontent.com/pod-product-compliance
Lightning Source LLC
Chambersburg PA
CBHW070345220526
45467CB00001B/256